무엇으로 사람을 움직이게 할 것인가
리더의 격

무엇으로 사람을 움직이게 할 것인가

리더의 격

김종수 지음

리더의 역량은 '실행' 과 '품격' 으로 증명되어야 한다.

◆ ◆ ◆

리더십을 갖추기 위해 어떤 능력과 지식을 쌓아야 하는지 아는 것은 21세기가 요구하는 시대의 흐름일지도 모릅니다.

물론 리더가 되기 위해 기본적으로 갖춰야 할 요건과 스킬을 아는 것은 매우 중요합니다.

리더십의 개념에 대해 기본조차 알지 못하는 리더가 그 조직의 성과를 효과적으로 올리거나 전체 구성원들의 목표를 향해 이끌어가기는 어려우니까요.

이 점은 시대가 달라져도 변하지 않을 동서고금의 진리입니다.

그러나 예나 지금이나 변함없이 '한 단계 더 품격 있는' 리더십을 갖춘 리더가 가지고 있는 플러스 알파(+ α) 의 리더십 원칙이 존재합니다.

"리더십, 아는 것만으로는 부족하다."

◆ ◆ ◆

이미 모든 사람이 리더십의 중요성을 알고 있습니다. 리더십이 무엇인지 아는 것도 중요하지만 아는 것이 곧 실행이 되기는 어렵습니다.

누구나 알고 있는 리더십만으로는 이 시대가 요구하는 갈증을 해소하기가 어렵습니다. 통상적인 리더십 개념을 뛰어넘는 마지막 1%의 '격'을 갖춘 신개념 리더십이 필요한 시대입니다.

섭씨 99도의 온도에서 딱 1도가 '더' 올라가야 비로소 주전자의 물이 증기를 뿜어 올리며 펄펄 끓듯 이 혼란의 시대에 우리 한국사회에서 절실히 요구되는 리더란 전통 리더십을 한 발 뛰어넘는 1%의 격을 갖춘 리더십을 갖춘 미래형 리더입니다.

그 1%는 사람에 따라 다르고 그 조직이 어떤 성격을 지닌 조직이냐에 따라 달라지겠지만, 이 책에서 말하고자 하는 것은 모든 사람이 막연히 알고 있는 리더십의 통념과 상식을 뛰어넘자는 것입니다.

"공감과 소통의 자세, 인간으로서의 품격과 품위를 갖춘 리더를 원한다!" 그렇습니다. 존경 받는 리더는 '격'이 다릅니다.

누구나 갈구하고 있을 1%의 격을 알려드리겠습니다.

| 머리말 |

진정 '리더십' 다운 리더십을 위해 필요한 것은

 지금 우리 사회는 그 어느 때보다도 깊은 상처와 절망감에 모두가 시달리고 있습니다. 분명히 지금보다 더 못 살고, 물질적으로 더 부족하고, 먹을 것이 없어 굶주림에 시달리던 시절이 있었으며 그 모든 어려운 시절을 극복했음에도 불구하고 사람들이 '아프다', '상처받았다' 라고 아우성치고 있는 것은 왜일까요? 실제로도 우리나라 사람들은 전 세계적으로 최저 수준의 정신적 삶의 질 저하 현상을 호소하고 있습니다.
 이처럼 아프고 상처받은 이 시대 모든 사람들의 마음속에는 앞날에 대한 희망과 삶에 대한 긍정성을 제시해줄 올바른 리더십의 빈 자리가 있습니다. 마음을 움직이는 리더, 방향성을 제시하는 리더가 없다는 것입니다.

인간은 사회적 동물이기에 다른 사람들과의 공존과 상호작용을 반드시 필요로 합니다. 인류 역사상 무리와 사회와 국가를 이끄는 리더의 존재는 늘 커다란 역할을 해왔습니다. 세상을 바꾸는 것이 리더 한 사람만의 몫은 아니지만 탁월한 리더가 있느냐 없느냐에 따라 그 사회나 국가의 운명이 달라지기도 했던 것은 사실입니다.

동서고금의 수많은 고전들은 훌륭한 업적을 남긴 왕이나 지도자, 정치가, 혁명가, 장군들의 역사적 사례를 통하여 올바른 리더십이 무엇인지에 대해 많은 이야기를 해왔으며, 지금도 여러 분야의 수많은 전문가들이 리더십에 대해 고찰하고 분석하며 제시하는 책들이 끊임없이 발간되고 있습니다. 이미 수많은 전문가들과 학자들이 리더십에 대해 이야기해왔기에 좋은 리더십이 무엇이며 어떻게 해야 훌륭한 리더가 될 수 있는지에 대해서 어쩌면 누구나 '다 알고 있다' 라고 생각하기 쉽습니다.

리더십은 리더에게만 필요한 것이 아니다

그러나 과연 우리는 리더십에 대해 얼마나 알고 있을까요?

저는 항상 '아는 것' 과 '실천하는 것' 은 별개의 것임을 강조합니다. 리더십도 마찬가지입니다. 우리가 머리로만 알고 있는 리더십은 실제 삶의 현장에서의 리더십과 다를 수 있으며, 20세기의 리더십과 21세기의 리더십이 다르고, 미국의 리더십과 한국의 리더십은 분명히 차이가 있을 것입니다.

무엇보다도 '좋은 리더' 라는 개념을 리더 자신이 몸소 실행한다는 것은 대단히 어려운 일입니다. 리더십을 실천으로 옮기려면 리더십에 대한 좋은 이론들을 많이 아는 것도 중요하지만, 그것을 자신이 몸담은 사회나 조직에서, 현실에서, 오늘의 삶의 현장에서, 직접 행동하고 구현하는 과정이 반드시 필요합니다. 머리로만 아는 리더십은 어쩌면 모르는 것보다 더 위험할 수 있기 때문입니다.

역사적으로 훌륭한 리더들이 누가 있었는지, 어떠한 사례가 있으며 어떤 리더십이 좋은 것인지에 대해 우리는 익히 듣거나 읽은 적이 있습니다. 꾸준히 쏟아져 나오는 리더십에 대한 국내외의 수많은 책들에서도 고대 문헌이나 역사적 인물의 예를 통한 리더십 이론과 개념을 다각도로 정립하는 연구들이 꾸준히 이루어지고 있으며, 특히 세계적인 경영 전문가들과 성공학 저자들도 리더십에 대하여 저마다의 시각을 제시하고 있습니다.

그러나 저는 이 모든 이론들을 읽는 것과 아는 데서 한 단계 뛰어넘어 지금, 이 시대, 우리가 사는 이곳의 현장에서 누구나 체험하는 한국적 리더십의 방향성과 치명적인 오류, 그리고 지향해야 할 길을 알아보자고 제안 합니다.

누구나 리더가 될 수 있지만 아무나 좋은 리더가 될 수는 없을 것입니다. 혹자는 리더십에 대한 내용은 리더이거나 리더가 될 사람만 알면 되는 것 아니냐고 반문할지도 모르지만, 사실 리더란 사회나 조직의 최고 지위에 올라 있는 극소수의 사람만 지칭하는 것은 아닙니다. 한 조직의 맨 위에 있는 사람뿐만 아니라 중간에 있는 사람들에게도 리더십은 필요하며, 사회와 조직의 단위마다, 자신이 일하고 있는 팀이나 소그룹에서, 개인이 형성하고 있는 다양한 인간관계 속에서, 심지어 가정에서도 각자 자신이 맡은 역할과 위치에 따른 적절한 리더십이 요구됩니다.

오늘의 한국 사회가 가장 갈망하는 리더십은?

리더십은 여러 사람을 이끄는 직위일 뿐만 아니라 자신의 삶을 건강하게 이끌어가고 인생의 주인으로 살기 위해 모든 사람이 꼭 갖춰야 할 기본적인 '품격'이기도 합니다. 인성 면에서 품격을 갖출 때 그 사람의 격이 올라가는 것처럼, 리더십도 그 격을 올릴 때 비로소 리더십의 제 역할을 할 수 있을 것입니다.

리더는 단순히 높은 권력을 차지한 사람, 특정 직위에 올라 있는 사람, 정치가나 기업 총수 같은 소수의 선택받은 사람들만을 가리키는 개념이 아닙니다. 리더는 권력, 재산, 힘, 능력, 학식의 많고 적음을 떠나 그 사회의 사람들을 '이끌 수 있는 사람'을 뜻합니다. 이때 '사람을 이끈다' 라는 것은 강압적으로 명령이나 권력에 의해서 '일방적으로 끌고 간다' 라는 것이 아니라 사람들이 '스스로 움직일 수 있게 한다' 라는 것이며, 온 마음을 다해 그 리더가 제시하는 것을 믿고 받아들이며 리더와 함께 움직인다는 뜻입니다. 즉 리더는 '사람의 마음을 움직이는 사람' 을 말합니다.

그러나 요즘 한국 사회에는 마음을 움직이는 리더십을 찾기가 쉽지 않습니다. 그저 '리더' 라고 불리는 사람들은 많지만 진정으로 사람들의 마음을 움직이는 리더는 매우 찾기 어렵습니다. 리더십에 대해 안다고 자처하는 사람들은 많지만 그 훌륭한 개념들을 현실에서 구현하고 보여주는 리더는 여간해서는 찾기가 어렵습니다.

이것이 바로 이 책에서 제가 이야기하고자 하는 한국 사회의 리더십의 결정적인 '오류' 들이라 할 수 있습니다. 모든 오류는 기본적으로 현실과 이론의 괴리에서 비롯되며, 어쩌면 리더십이야말로 이러한 괴리 현상을 가장 잘 보여주는 분야일 것입니다.

이제 우리가 알고 있는 리더십을 새로운 시각으로 생각해보겠습니다. 기존에 알고 있던 리더십을 과연 제대로 알고 있는지, 알고 있다면 얼마나 제대로 실행하고 있는지 재점검해보아야 할 것입니다.

훌륭한 리더십을 넘어 '격' 이 있는 리더십을 위해

이 책은 지금 한국 사회가 가장 원하는 리더십이 무엇인지에 대해 정립하기 위하여 기존의 교과서적이고 고전적인 리더십 개념을 통합하고 정리하는 차원을 넘어 친숙하지만 새로운 의미의 리더십을 고찰하는 과정에서 씌어졌습니다.

저는 적지 않은 세월 동안 국내 굴지의 기업체와 연수원, 대학 등에서 현역 리더들과 차세대 리더들을 위한 리더십 및 성공학 강의를 수천 회 진행하며 자타가 공인하는 성공과 희망의 전도사로서 늘 감사한 마음으로 활동해왔습니다.

수많은 리더들이 자신의 역량과 나아갈 바를 고민하고 있는 치열하고 생생한 현장에서, 리더들을 직접 만나고 이야기를 나누어 본 저의 경험에 의하면, 우리나라의 수많은 기업과 크고 작은 다양한 조직의 리더들, 나아가 자신을 리더라고 생각하지 않는 일반인들까지도 여전히 리더십의 진정한 의미와 가치, 현실에서의 적용방안과 자신의 몸으로 겪는 한계에 대하여 늘 고민하고 있었습니다.

이 책을 집필하게 된 것은 이러한 리더들의 실질적인 고민을 함께 돌아보고, 나아가 진정한 리더십을 갈망하는 한국 사회의 일반 독자들과도 공감을 나누고 싶었기 때문입니다.

모든 사람들이 기본적으로 알고 있는 리더십의 고전적 개념을 넘어서는 보다 현실적이고 피부에 와 닿는 이야기를 이 책을 통해 하고자 합니다.

이에 제가 제안하는 개념은 좋은 리더십, 훌륭한 리더십, 모범이 되는 리더십에서 이제는 한 단계 수준을 업그레이드하여 리더십의 수준과 역량, 인간으로서의 내면적 품격에 이르기까지 모든 면에서 그 '격'을 올려야 할 때가 왔다는 것입니다. 그렇다면 평범한 리더가 '격'을 상승시키고 더 나은 리더로 성장하기 위해서는 어떻게 해야 할까요?

이 책은 다음과 같은 구성을 통하여 리더가 갖춰야 하는 격에 대한 해법을 제시하고자 합니다.

첫째, 1장과 2장에서는 기존에 누구나 알고 있던 리더십에 대해 반성하는 한편, 지금 한국에서 가장 문제가 되고 있는 리더십 부재현상에 대해 돌아보고, 우리가 알던 리더십 개념을 재정립해야 할 이유와 리더의 내공이 부족한 원인에 대해 고찰해볼 것입니다.

1장   내 마음대로 안 되는 리더십에 대한 질문

: '나는 왜 리더십이 부족할까? 왜 다른 사람을 이끄는 데 있어서 늘 서툴고 실수를 할까? 리더십은 타고난 재능이 있어야만 가

질 수 있는 걸까?' 라는 고민을 거의 모든 사람이 하고 있습니다. 또한 국민을 통합하고 사람들에게 희망을 줄 수 있는 리더가 부재하는 현실에 대해 실망감을 느끼고 있습니다. 아는 것과 실천하는 것은 다르다는 전제 하에, 리더십의 의미와 우리나라 리더십의 현실에 대하여 돌아봅니다.

2장 리더는 어떻게 리더십을 얻는가?

: 그렇다면 21세기의 한국인들은 어떠한 종류의 리더십을 갈망하고 있을까요? 그에 반해 자신을 뛰어난 리더라고 생각하지만 알고 보면 사람들이 아무도 따르지 않는 리더에게는 어떠한 한계와 문제점이 있기 때문이며, 그들에게 결정적으로 부족한 '내공'은 무엇일까요?

권력만 휘두르고 결단력은 부족하며, 약속을 지키지 않고 동지가 아닌 적을 만드는 리더, 자기가 옳다고만 우기고 타인의 말을 듣지 않으며 존중하지 않는 리더들에 대해 모두가 공감할 것입니다. 이에 대해 구체적으로 그 유형을 알아봅니다.

둘째, 3장과 4장에서는 '좋은 리더십 알기' 라는 방식을 뒤집어 '잘못된 리더십, 오류에 빠진 리더십' 의 유형들을 구체적으로 짚어봄으로써 역으로 우리가 가장 원하고 필요로 하는 진정한 리더십이 무엇인지를 탐색해볼 것입니다.

　이 세상에는 좋은 리더도 있고 나쁜 리더도 있지만 특히 한국 사회에서 문제시되고 있는 나쁜 리더십들에는 특수한 현상들이 내재되어 있습니다. 그것이 무엇인지를 돌아보고 오류를 자각하는 과정을 통해 리더십의 격을 올릴 수 있는 준비운동을 할 수 있을 것입니다.

3장　한국인의 잘못된 리더십 짚어보기

　: 학연, 지연, 혈연에 지나치게 의존하고 학벌주의와 사회양극화가 심화되고 있는 한국 사회에서 특히나 문제가 되고 있는 잘못된 리더십 유형들이 있습니다. 여기에는 전근대적 제왕 리더십과 안하무인의 리더십, 지나친 간섭을 통해 오히려 효율을 방해하는 리더십과 아예 원칙이 없는 리더십, 조폭 두목처럼 공포를 조장하거나 편을 가르는 리더십, 그리고 요즘 제일 문제가 되는 분노폭발형 리더십이 있습니다.

4장　리더십의 7가지 오류

　: 그렇다면 리더들이 흔히 저지르는 오류에는 어떤 것들이 있을까요? 대부분의 리더들은 자신의 리더십이 흠 잡을 데 없다고 생각하지만 의외로 많은 착각을 하고 있습니다. 그러한 오류에는

자신의 경험과 가치관과 옛 기억에 너무 의존하는 자만심, 너무 낙관하거나 너무 두려워하는 개인적 성향, 권력이나 관계에 병적으로 집착하는 것 등이 있습니다.

셋째, 5장에서는 이 책에서 가장 강조하고자 하는 핵심 내용인 '격 있는 리더'가 되기 위한 단계별 진행요령을 이야기할 것입니다.

5장 격 있는 리더가 되기 위한 7단계 프로세스

: 격 있는 리더가 되기 위해서는 [내려놓기]—[솔선수범하기]—[인재 등용]—[커뮤니케이션]—[싫은 소리 경청]—[글로벌 감각]—[품격 갖추기]의 과정들을 차근차근 몸소 실천하는 것이 중요합니다. 얼핏 쉬운 것 같지만 실전에서 실천하려면 꾸준한 자기성찰과 반성이 요구되는 과정들입니다. 그러나 이러한 프로세스가 몸에 밸 때 리더십의 격은 자기도 모르게 높아질 것입니다.

'아는 것'을 넘어 실천하는 리더십으로

훌륭한 리더의 사례를 많이 찾고 연구하는 것 못지않게 중요한 것은 잘못된 사례와 유형을 구체적으로 파고들어가는 것입니다. 물론 기본적인 리더십 개념을 익히기 위해서는 고전적이고 기본적인 이론과 정보를 제대로 공부하고 속속들이 흡수해야 합니다. 그러나 이론을 아는 데 그치는 리더십은 현장에서 제 역할을 해내기 어렵습니다.

이론상의 리더십이 현실적인 리더십으로 응용되고 발전되려면 자신이 어떤 오류를 저지르고 있고, 한국 사회에서 어떤 잘못된 리더십 사례들이 지속적으로 나타나는지를 먼저 알아야 할 것입니다. 그리고 그 오류들을 자신의 삶 속에서 몸소 파악하고 수정하여 자신만의 확고한 리더십을 구축해야 합니다.

저는 이 책에서 오랜 시간 진행해온 리더십 강연과 연구, 집필 활동을 통해 터득하고 파악한 생생하고 현실적인 한국적 리더십에 대해 이야기하고자 합니다. 무엇보다도 한국 사회에서 곳곳에 나타나는 그릇된 리더십의 유형에 대해 먼저 짚고 넘어가야만 리더십의 격을 올릴 수 있다는 사실에 주안점을 두었습니다.

훌륭한 리더가 될 자질과 잠재력은 누구나 갖추고 있습니다. 문제는 자각과 깨어남, 행동과 실천, 그리고 변화입니다. 리더십을 다 알고 있다는 착각을 버리고, 리더십은 이러이러해야 한다는 편견이나 선입견에서 벗어나 새로운 눈으로 자신이 처한 순간의 현실을 바라보아야 합니다.

리더십의 격을 끌어올릴 수 있는 해답은 자기 자신의 내면에 있다고 할 수 있습니다. 자신을 제대로 알고, 자신의 사고의 패턴과 행동의 패턴 중에서 어떤 점들이 오류를 일으키고 있었는지를 깨닫고 고쳐나가는 노력의 과정이 필요합니다. 그래야 '아는 것'을 넘어 '실천하는' 리더십을 구축할 수 있습니다.

  알기만 하는 리더십이 아닌 실천하는 리더십, 오류를 짚어내고 자신 안에서 그 오류를 발견하고 수정해나가는 리더십을 통해 리더십의 격을 올릴 수 있습니다. 이 책을 읽는 모든 독자들이 이와 같은 업그레이드되는 리더십의 해법을 발견하시기 바랍니다.

김 종 수

| 차례 |

머리말
진정 '리더십' 다운 리더십을 위해 필요한 것은 — 06

1장 내 마음대로 안 되는 리더십에 대한 질문

나는 왜 늘 실수를 반복할까?
나도 좋은 리더가 될 수 있을까? — 30
무엇을 놓치고 있는가? — 31
훌륭한 리더로의 성장을 가로막는 것 — 33

문제는 리더십의 부재에 있다
우리가 원하는 진정한 리더십은 무엇인가? — 35
리더가 없는 사회 — 37
한국 사회에 맞는 리더십이 필요하다 — 38

리더십은 타고날까?
리더는 아무나 되는 게 아니라고? — 40
리더십은 선천성과 후천성의 조화 — 42
리더십은 평생에 걸친 연마와 훈련 — 43

매사에 리더십이 부족한 이유는?
리더십은 시대에 따라 변한다 — 45
리더십은 결과가 아니라 과정 — 46

왜 신뢰받지 못하는가?
신뢰받지 못한다면 이유가 있다 — 49
리더는 능력보다 '격'이 중요하다 — 50
격 있는 리더는 안주하지 않는다 — 51

리더십 불능 시대에 누굴 따라야 하는가?
그야말로 진실된 리더십이 절실한 때 — 53
불통과 불신의 시대에 우리가 원하는 것 — 55

2장 리더는 어떻게 리더십을 얻는가?

1) 유형별 리더십 알아보기 — 60

우리에게 가장 절실한 리더십은?
리더십은 시대마다, 나라마다 다르다 — 60
빛바랜 리더십 vs 주목받는 리더십 — 61
한국 사회에 필요한 리더십은 무엇? — 62

한국사회에 필요한 리더십 유형

1. 공감과 소통의 리더십 — 65
2. 동기부여의 리더십 — 66
3. 관계지향의 리더십 — 67
4. 자기성찰의 리더십 — 68

신뢰받는 소통형 리더가 가져야 할 5가지 요소

1. 열정 — 70
2. 자존감 — 70
3. 자신감 — 71
4. 진취성 — 71
5. 인정 — 71

2) 아무도 따르지 않는 리더, 무엇이 문제인가?

권력을 자기 힘으로 착각한다

권불십년의 법칙을 기억하라 — 73
권력은 개인의 것이 아니다 — 75
권력을 감당할 수 있는가? — 76

결단력이 결여되어 있다

합리적으로 판단하고 실행할 능력 — 78
리더의 위기관리 능력이 관건 — 79

내뱉은 말을 지키지 않는다
리더의 약속은 목숨보다 중하다 — 82
지키는 것이 신뢰의 시작이다 — 84

적을 만드는 행동을 한다
등 돌리게 만드는 리더의 언행 — 87
원인은 자기 자신에게 있다 — 88

틀렸음을 인정하지 않는다
완벽함에 대한 강박증을 버려라 — 91
부족함을 인정하는 리더가 존경받는다 — 93

귀 기울이지 않는다
리더는 듣는 사람이다 — 96
최선을 다해 듣는 방법 — 98

존중하지 않는다
리더의 공감능력이 중요한 이유 — 103
존중하지 않으면 존중받지 못한다 — 105

3장 한국인의 잘못된 리더십 짚어보기

전근대적 제왕 리더십
민주주의 이전의 리더십 형태 — 108
리더십은 위험한 칼인가? — 109
건강한 사회 발전을 저해하는 요소 — 111

지위를 남용하는 안하무인 리더십
관등성명을 요구하는 이유 — 113
리더십은 지위에서 오는 것이 아니다 — 115

모든 일에 참견하는 간섭형 리더십
리더는 슈퍼맨인가? — 117
참견하지 않는 합리적인 리더가 되려면? — 119

지킬 것을 지키지 않는 무원칙 리더십
지킬 것이 지켜지는 사회란? — 123
원칙 없는 리더는 불신사회를 만든다 — 124
리더의 '원칙 불감증'을 경계하라 — 126

공포를 조장하는 조폭 리더십

한국 사회에 익숙한 '조폭' 문화 — 128
공포를 활용하는 리더십의 결정적 한계 — 129

네 편 내 편을 가르는 집단주의 리더십
지역감정과 연줄을 강조하는 리더십 — 132
분열의 리더십이 만든 자화상 — 133
우리는 옳고 너희는 틀렸다 — 135
편을 가르는 리더는 갈등을 조장한다 — 136

감정을 다스리지 못하는 분노조절장애형 리더십
당신은 걸핏하면 욱하는 리더인가? — 139
화를 참지 못하는 리더의 유형은? — 141
격 있는 리더는 감정을 건강하게 관리한다 — 145
자신의 감정을 발견하고 인식하라 — 146

4장 리더십의 7가지 오류

1. 경험 과신의 오류
〈리더의 흔한 오류〉 — 150
경험은 늘 강력한 무기일까? — 151
경험이 편견을 조장할 수도 있다 — 152

'내 방식대로' 라는 위험한 덫 — 153
〈격 있는 리더를 위한 제안〉 — 155

2. 가치관 맹신의 오류

〈리더의 흔한 오류〉 — 156
내가 믿는 것이 무조건 옳은가? — 157
가치관 확신의 오류에 빠지는 이유 — 159
'무조건 옳은 것' 은 세상에 없다 — 160
〈격 있는 리더를 위한 제안〉 — 162

3. 과거 기억에 대한 잘못된 착각의 오류

〈리더의 흔한 오류〉 — 163
왜곡된 기억을 고집하는 리더 — 164
사람의 기억은 불완전하다 — 165
〈격 있는 리더를 위한 제안〉 — 168

4. 지나친 낙관주의의 오류

〈리더의 흔한 오류〉 — 169
막연한 낙관주의는 때로 치명적이다 — 170
믿을 수 있는 것인가, 믿고 싶은 것인가? — 172
〈격 있는 리더를 위한 제안〉 — 174

5. 권력과 야망의 오류

⟨리더의 흔한 오류⟩ — 175
리더의 야망은 필요악인가? — 176
개인적 탐욕은 리더의 자멸을 초래한다 — 177
⟨격 있는 리더를 위한 제안⟩ — 180

6. 관계와 집착의 오류

⟨리더의 흔한 오류⟩ — 181
리더가 지켜야 할 관계의 선 — 182
⟨격 있는 리더를 위한 제안⟩ — 185

7. 두려움의 오류

⟨리더의 흔한 오류⟩ — 186
두려움을 감추려는 리더의 실수 — 187
두려움을 제어하는 능력 — 189
⟨격 있는 리더를 위한 제안⟩ — 190

[오류에 빠진 리더를 위한 체크리스트] — 191

5장 격 있는 리더가 되기 위한 7단계 프로세스

[1단계] 내려놓기 — 196
내려놓을 때 빛난다 — 196
중심을 잃지 않으려면 — 198

[2단계] 솔선수범하기 — 200
솔선수범, 가장 강한 칼 — 200
리더의 솔선수범이 미치는 영향력 — 202

[3단계] 인재의 등용 — 205
정말 쓸 만한 사람이 없는가? — 205
인재를 키우기 위해 리더가 알아야 할 것 — 207

[4단계] 커뮤니케이션 — 212
격 있는 리더의 중심 척도 — 212
머리가 아닌 가슴으로 소통하려면 — 214
커뮤니케이션 스킬을 향상시키기 위해 알아둘 것 — 216

[5단계] 싫은 소리도 경청하기 — 220
당신에게는 듣기 싫은 소리를 해줄 사람이 있는가? — 220
쓴소리일수록 귀 기울여라 — 222

[6단계] 글로벌 감각 기르기 — 225
'우물 안' 리더가 되지 않으려면? — 225
'다름'을 받아들이고 존중하라 — 227

[7단계] 품격 갖추기 — 229
인품과 인성이 리더십의 질을 결정한다 — 229
품격 있는 진정한 리더가 되기 위하여 — 231

맺음말
'좋은' 리더에서 '격 있는' 리더로 — 233

1장

내 마음대로
안 되는
리더십에 대한 질문

나는 왜 늘 실수를 반복할까?

나도 좋은 리더가 될 수 있을까?

미국 애플사의 창업자이자 세계적인 혁신가였던 스티브 잡스는 '리더와 팔로어를 구별하는 기준'은 다름 아닌 '혁신'이라는 말을 남긴 바 있다. 2011년 그는 고인이 되었지만 그의 전무후무한 혁신적 마인드와 비교할 수 없는 독특하고 창의적인 리더십은 여전히 많은 이들에게 영감을 주고 있다.

과연 21세기에 필요한 리더십이란 무엇인가? 진정한 리더란 어떤 존재이며, 어떻게 해야 좋은 리더가 될 수 있을까?

리더십의 의미에 대해서는 시대에 따라 많은 변화가 있었으며 리더십에 대한 새로운 연구와 다양한 이론은 지금 이 순간에도 무수히 쏟아지고 있을 정도로 한 마디로 정의하기가 쉽지 않을 것이다.

누구나 리더가 될 수 있다고 말한다. 그리고 누구나 리더가 되어야 한다고 말한다. 이제 리더십은 단지 기업의 사장이나 정치가에게만 필요한 개념이 아니기 때문이다.

자신이 하는 일에서, 직장의 부서에서, 가정에서, 현대사회의 수많은 인적 커뮤니티에서, 개개인 한 명 한 명이 올바르게 정립된 리더십 마인드를 가지고 있어야만 개인과 사회가 더 발전할 수 있고 커뮤니케이션을 잘할 수 있기 때문이다. 하물며 조직에서 팀을 이끄는 위치에 있거나 사업체를 운영하는 위치에 있다면 더더욱 리더십을 제대로 알 필요가 있다.

과연 좋은 리더가 된다는 것은 무엇일까? 나는 과연 바람직한 리더가 될 수 있을 것인가?

무엇을 놓치고 있는가?

오늘날 리더십 전문가들의 수많은 의견에 의하면 이제 리더십은 예전의 독재적이고 카리스마적인 1인 자적인 마인드를 의미하지는 않는다. 그보다는 다른 사람을 어떻게 이끌고 어떻게 소통 및 화합하며 나 자신이 어떻게 주인의식을 갖고 살아가느냐에 더 가깝다고 할 수 있다.

그러나 우리는 각자의 인생 속에서, 그리고 인간관계 속에서

헤아릴 수 없는 많은 시행착오와 실수를 저지른다. 다른 사람과 소통을 제대로 하지 못해 애를 태우기도 하고, 본의 아니게 오해를 불러일으키기도 하고, 내가 이끌어야 할 사람들을 제대로 이끌지 못해 일의 효율을 저하시키기도 한다. 넓게 본다면 이러한 실수들도 리더십 마인드의 부재 혹은 부족함에서 기인한다 해도 과언이 아닐 것이다.

  왜 우리는 이 모든 관계에 있어서 크고 작은 실수를 하는 것일까? 완벽하려 하지만 완벽하지 못하고, 삶의 균형을 이루고 싶지만 균형을 이루지 못하고, 조직 내의 인간관계를 능숙하게 주도하고 싶지만 잘하지 못해 허둥대기도 한다. 내 뜻이 아랫사람들에게 제대로 전달되지 못해 답답할 때도 있고, 혹은 내가 한 일의 성과를 윗사람에게 제대로 인정받지 못해 속상할 때도 있다. 그리고 한 번 했던 실수들을 여러 번 반복하기도 하는 것이 대부분 사람들의 삶의 모습이다.

  우리는 무엇을 놓치고 있기에 이러한 실수들을 되풀이하는 것일까? 비슷한 실수를 반복하는 것에는 특별한 의미가 있다. 예전의 정신분석이론에 의하면 모든 실수는 무의식의 반영이자 경고 메시지라고 했다. 즉 실수를 한다는 것은 '내 실수를 외면하라'가 아니라 '내가 한 실수들을 솔직하게 들여다보라'라는 마음속의 강력한 메시지라는 것이다.

훌륭한 리더로의 성장을 가로막는 것

만약 사회생활의 수많은 인간관계에서 어떤 잘못을 저지르고 그 잘못을 되풀이했거나 뭔가 후회를 한 경험이 있다면, 지금 살고 있는 삶의 방식과 마인드를 되돌아보고 고칠 필요가 있다는 나 자신의 간절한 신호일지도 모른다.

많은 실수들의 근본에는 소통의 문제, 그리고 마음의 문제가 자리 잡고 있다. 이 모든 것이 리더십에 포함되는 개념들이다. 만약 이러한 부분에서 실수를 거듭하는데 그것을 무시하고 계속 자신의 방식만을 고수한다면 문제는 돌이킬 수 없이 더 커질 수도 있다.

아무리 열심히 살아도 성과가 없다면, 뭔가 다른 사람들과의 커뮤니케이션에서 문제가 있다고 느낀다면, 다른 사람이 나를 잘 이해하지 못하고 나의 노력을 제대로 알아주지 못한다고 생각한 적이 있다면, 이제는 자기 자신을 돌아봐야 할 때일지도 모른다. 얼마든지 훌륭한 리더로서 성장할 자질이 있는데 그런 나 자신을 가로막고 있는 어떤 방해요소가 있음을 발견하고 그것을 들여다보아야 한다.

반복되는 실수가 있다면 그것을 통해 자신을 점검하고 바로잡을 수 있다. 뭔가 잘못하고 있다면 그것은 당신이 처음부터 모자라서가 아니라 방법을 미처 알지 못했기 때문이다. 당신의 마음을 억압하고, 가로막고, 중요한 것을 놓치게 하는 뭔가가 있기 때문이다.

한 번의 잘못은 실수가 될 수 있지만, 그러한 양상이 삶의 전반에 걸쳐 되풀이되고 있다면 그것은 인생의 실패로 이어진다.

내 안에 잠재되어 있는 자신만의 리더십 자질을 가로막고 실수를 저지르게 하는 것은 무엇인가? 이제 그 근본 원인을 찾아내어 한 인간으로서, 그리고 내 삶의 리더로서의 격을 한 단계 높일 수 있는 방법을 알아볼 때다.

문제는 리더십의 부재에 있다

우리가 원하는 진정한 리더십은 무엇인가?

한 사람의 탁월한 리더십이 조직의 운명을 어떻게 바꿔놓는지에 대한 이야기는 거의 인류 역사와 함께 해왔다고 할 수 있다.

기원전 480년 테르모필레 전투에서 페르시아 군에 맞서 스파르타 군 300명으로 맞서 싸우다가 장렬히 전사한 후 그리스의 국민적 영웅이 되어 추앙받은 레오니다스 왕의 강력한 리더십은 오늘날에도 할리우드 영화로 여러 번 만들어질 정도로 인기를 끌고 있다.

또 기원전 400년 경 페르시아 정벌을 위해 전투에 참가한 한 무리의 그리스 용병들을 살린 것도 한 사람의 리더십이었다. 그 당시 전투를 이끌던 왕자와 장군들이 죽고 난 후 우왕좌왕하던 용병들 앞에 서서 목소리를 높인 사람은 우두머리가 아니라 크세노폰이라는 이름의 평범한 용병이었다.

그는 "전쟁의 승리는 정신력에 달려 있다. 우리가 살아 돌아갈 수 있는 유일한 방법은 이기는 것밖에 없다!"라고 부르짖으며 용기를 북돋음으로써 병사들이 필사적인 전투 끝에 가까스로 그리스로 생환하는 데 공헌했다.

극적인 위기상황에서 절체절명의 위험을 이겨내게 만든 리더십의 사례는 동서고금을 막론하고 아무리 세월이 지나고 시대가 바뀌어도 큰 울림을 준다. 이러한 극적인 리더십의 사례는 어찌보면 '영웅담'이라고 할 수 있지만, 이러한 영웅의 존재감이 꼭 전쟁이나 비상시에만 필요한 것은 아닐지도 모른다.

21세기를 사는 현재의 한국인들에게도 리더십은 매우 필요하고 간절하다. 비록 전투나 전쟁 상황은 아닐지라도 지금과 같은 혼란스러운 정치·경제 상황에서 과거의 관행에 젖어있는 구태의연한 리더십과, 비합리적인 사고방식과 지시에 머물러 있는 각계각층 리더들의 모습에 한국인들은 이미 지쳐있는 것이다.

리더가 없는 사회

오늘날 리더십이라는 용어는 누구나 쉽게 말할 수 있고 주장할 수 있는 일상적인 단어가 되었다. 자기계발, 단체교육, 크고 작은 수많은 세미나나 강연, 그리고 정치 담론이나 조직 경영에서 반드시 빠지지 않는 말이 바로 '리더십'이다.

수많은 리더십 관련 연구와 이론, 서적들이 각광을 받고 유행을 하면서 최근의 리더십 전문가들이 사이에서 '이제는 우리에게 맞는 리더십을 정립해야 한다'라는 목소리가 높다. 애초에 리더십의 이론을 정립하고 체계화한 것은 미국이나 유럽의 연구자들이었으며, 따라서 주로 미국과 유럽의 사회적·역사적 특성에 맞는 그들 특유의 리더십에 대해 이야기해왔다는 것이다.

물론 리더십의 근본적인 토대 중의 어떤 것들은 역사와 상관없이 공통적인 보편성이 있는 것이 사실이지만, 어떤 유형의 리더십이 필요하고 효과적인가에 대해서는 현재 그 사회가 처한 상황과 역사적 배경을 빼고는 말하기 어려울 것이다. 기업에서 필요한 리더십만 하더라도, 미국 기업의 현실과 우리나라 국내 기업의 현실은 분명히 다르다. 정치에서 필요한 리더십 또한 유럽의 리더십과 21세기 대한민국에 필요한 리더십이 다르다.

따라서 서양 연구자들이 말하는 서양 역사상의 걸출한 리더들의 사례에서 리더십의 선례를 답습하는 것이 어느 정도 참고는

될지 몰라도 이제는 한국의 역사·사회·문화에 적합한 '우리만의 리더십'을 체계적으로 정립할 필요가 있다는 것이 최근의 주된 주장들이다.

한국 사회에 맞는 리더십이 필요하다

지금 우리에게는 리더십에 대한 이야기들과 갈망들은 무수히 많음에도 불구하고, 믿고 의지할 수 있는 사회적 리더는 부족한 것이 현실이다. 바꿔 말하면, 누구나 리더십을 이야기하고 리더십의 중요성에 대해 알고 있지만 리더다운 리더를 찾기란 쉽지 않다. 이는 한국인에게 필요한 한국형 리더십이 없다는 안타까운 현실을 반영하는 것이기도 하다.

그래서 나는 과연 올바른 리더십이 무엇이냐에 대해 고민하는 차원에서 벗어나야 한다고 주장한다. 지금까지 리더십에 대한 다양한 이론과 담론을 접해왔다면 이제는 리더가 갖춰야 할 '격'을 한 단계 높일 수 있는 마인드를 갖추자는 것이다.

현재 한국 사회의 키워드는 '불통'이라 해도 과언이 아닐 정도로 모두가 숨 막혀 하고 있다. 세대 간의 불통, 계층 간의 불통이 만연하고, 각 분야에 적합한 리더십을 찾기 어렵다.

21세기 한국 현실에 맞는 새로운 리더십의 정립도 제대로 되어 있지 않은 실정이다. 민주주의 사회 속에 독재적 마인드가 뿌리내려 있고, 쌍방향 소통이 필요한 사회에서 일방향적 통제만이 존재하여 곳곳에서 흐름이 막힌 것을 볼 수 있다.

이 모든 현상은 진정한 리더십의 품격을 갖추지 못한 사람들이 리더의 지위에 올라 있기 때문이다. 리더십을 모르는 리더, 리더의 자격을 갖추지 못한 리더들이 우리 사회를 지휘하고 있다.

이제는 격 있는 리더, 한국 사회에 맞는 새로운 리더십을 창출해야 한다. 변화의 필요성을 절감하고 변화에 따라 실천해야 한다. 우리 자신의 결점과 실수들을 되돌아보고 한국의 역사, 한국인의 가치관, 한국 사회의 특수성에 맞는 우리만의 리더십을 계발하고 그러한 리더들이 탄생할 수 있는 밑거름을 만들어야 할 것이다.

리더십은 타고날까?

리더는 아무나 되는 게 아니라고?

리더십 하면 반드시 빠지지 않고 등장하는 가장 대표적인 논쟁이 바로 '선천성 대 후천성' 이론일 것이다.

즉 '리더십은 태어날 때부터 타고나는 것인가, 아니면 후천적 노력과 훈련에 의해서 길러지는 것인가?'에 대한 것이다. 리더십 전문가로부터 심리학자에 이르기까지 리더십이 과연 선천적인 자질인지 후천적인 획득인지에 대해 다양한 증거와 주장을 펼쳐왔다.

원시 부족의 문화를 연구해온 인류학자들 중에는 리더십이라는 현대적인 개념이 존재하지 않았던 오랜 옛날부터 인류는 '리더로서의 자질'이 있는 인물에게 부족이나 공동체의 우두머리 역할을 맡겨왔다는 연구결과를 이야기하는 경우가 많다. 전투력, 추진력, 지혜 등 다방면에 뛰어난 능력을 가진 사람이 추장이나 족장을 하는 것이 그 예인데, 이러한 모습들은 오늘날까지 남아 있는 오지의 원주민 부족들에게서도 발견할 수 있다고 한다.

인류학자 레비스트로스도 남미 원주민 부족 관찰연구를 통해 리더로서의 선천적인 자질이 있는 사람이 추장의 자리에 올랐다고 했다. 《군주론》을 통해 군주의 역할과 속성에 대해 이야기한 마키아벨리도 리더의 자질은 천성적으로 타고나야 하는 것이라고 이야기했다.

반면 20세기를 지나 최근 들어서는 각 분야의 경영 전문가들이나 리더십 전문가들이 말하는 리더십의 개념이 시대와 함께 다양한 모습으로 변화했다. '천부적 자질'을 강조하는 고전적인 리더십 이론과는 달리 현대적인 의미의 리더는 단순히 '타고나는 것' 만이 아니라 부단한 노력과 훈련과 자기계발에 의해 '만들어지는 것'이라는 것이다.

심지어 어린 시절 또래집단에서 리더의 자질을 별로 보이지 않았거나 내성적이고 소극적인 성격을 지녔던 인물들 중에 훗날 탁월한 리더십을 펼쳐 역사에 이름을 남기는 경우가 적지 않았다.

리더십은 선천성과 후천성의 조화

요즘 중시되는 21세기적인 리더십은 단순히 천부적 자질만 강조하지도, 그렇다고 후천적 훈련만 강조하지도 않는다. 어느 정도의 성격적 특성이나 타고난 능력이 있다고 해서 무조건 훌륭한 리더가 되는 것은 아니다. 또한 천부적 자질이 남보다 조금 부족하다고 해서 절대 리더가 될 수 없는 것도 아니다.

오늘날의 리더십이라는 개념은 선천적 자질과 후천적 훈련을 자신이 처한 상황이나 역할에 맞게 잘 조화시키는 능력에 가깝다고 할 수 있다. 타고난 자질만으로 무조건 리더가 될 수 있는 것도 아니지만, 그렇다고 해서 단기간의 교육이나 연습만 가지고 하루아침에 리더가 될 수 있는 것도 아니다.

한국인들이 자주 하는 말 중에 '자리가 사람을 만든다' 라는 것이 있다. 어떤 특정한 상황에 처하거나 어느 위치에 올랐을 때 사람은 그 전에 미처 발휘되지 않았던 숨겨진 능력을 펼치거나 전혀 새로운 모습을 보이게 된다는 것이다.

이것은 리더십의 개념에도 적용할 수 있다. 즉 리더십은 하나의 정해진 모습이 있다기보다는 각자의 잠재력을 얼마나 효과적으로 발휘하느냐에 달려 있다.

누구나 리더십을 갖고 있다. 문제는 그것을 발견하고 계발시키고 끄집어내느냐, 그리고 어떤 모습으로 발전시키느냐의 여부이다. 한 가지 모습의 리더십에 고착되어 남의 것을 따라하는 것이 아니라 자신의 장점을 가장 잘 발휘할 수 있는 한 분야에서 독특하고 유일무이한 자신만의 리더십을 펼치는 것이다.

리더십은 평생에 걸친 연마와 훈련

전문가들은 리더로서의 자질과 리더가 되기 위한 훈련의 과정을 두루 갖춰야 21세기에 필요한 리더십을 얻을 수 있다고 말한다. 이때 훈련이란 단기간의 교육이나 수업을 의미하는 것이 아니라 풍부한 경험과 무수한 시행착오, 개인의 부단한 노력을 모두 포함하는 것이다.

결과적으로 말하면 리더십은 개인이 가진 다양한 능력들을 잘 조화시켜 적절한 상호작용을 만들어내는 일종의 종합예술이라 할 수 있다.

"리더의 자질은 우연적인 것이 아니라 지적인 노력의 결과물"이라고 한 존 러스킨의 말처럼, 훌륭한 리더십은 '자질을 타고난' 사람이 가만히 앉아서 얻을 수 있는 것이 아니다.

"뛰어난 자질을 어떻게 살리느냐를 보고 그 사람의 위대성을 판단해야 한다"라고 한 프랑스 작가 프랑수아 드 라 로슈푸코의 말도 이와 비슷한 맥락이라 할 수 있다.

'누구나 리더가 될 수 있다'라는 말은 최근 리더십에 관해 이야기할 때 빠지지 않고 자주 거론되는 이야기다. 그러나 이 말은 누구나 가만히 있어도 '저절로' 리더가 된다는 뜻은 결코 아니다.

자신의 영역에서 풍부한 실패 경험과 발전을 향한 노력을 쌓아나가는 가운데 다른 사람들과 소통하고 주어진 위기상황을 최선을 다해 해결하려는 과정 속에서 거듭나고 업그레이드 되는 것이 바로 진정한 의미의 리더십이다.

매사에 리더십이 부족한 이유는?

리더십은 시대에 따라 변한다

2차 세계대전 당시 노르망디 상륙작전을 지휘한 군인이자 미국의 34대 대통령을 역임한 드와이트 아이젠하워는 리더십에 관한 유명한 말을 남겼다.

그는 "실을 뒤에서 밀면 움직이지 않지만 실을 앞에서 끌면 당신이 끄는 대로 따라갈 것이다"라는 말을 통해 앞에서 이끌어가는 가장 기본적이고 핵심적인 의미의 리더십에 대해 명쾌한 비유를 들어 이야기했다.

그가 말한 리더십은 지금까지도 널리 통용되는 개념 중의 하나다. 그러나 오늘날에는 좀 더 다양하고 새로운 개념의 리더십 이론들이 계속해서 등장하고 있다.

앞에서 이끄는 것이 리더십이 될 수도 있지만, 뒤에서 효율적으로 미는 것도 리더십이 될 수 있고, 때로는 강력한 형태의 리더십이 요구되는 경우도 있지만, 부드러운 리더십이 필요한 경우도 있다.

1970년대의 시대상황에서 절실히 필요했던 리더십이 2000년 이후의 사회에는 맞지 않는 것이 되기도 하고, 20세기까지 각광받던 리더십이 21세기에는 구시대적인 것이 되기도 한다.

불과 30년 전까지는 절대로 리더가 될 수 없었을 인물이 21세기에 혁신적인 리더상으로 부상하기도 한다.

애플의 스티브 잡스나 페이스북의 마크 저커버그가 오늘날 가장 혁신적이고 뛰어난 인물로 평가받는 이유는 그들이 예전에는 존재하지 않았던 새로운 리더로서의 성과와 발상의 전환을 보여주었기 때문이며, 또한 그들의 창조적인 마인드가 지금의 시대상황과도 잘 부합했기 때문일 것이다.

따라서 지금의 시대에 요구되는 리더십은 어느 한 종류만 있는 것이 아니라 조직의 성격이나 크기, 개개인이 처한 환경과 상황에 따라 천차만별이라고 해도 과언이 아니다.

리더십은 결과가 아니라 과정

'누구나 리더로서의 자질을 갖고 있다' 라는 말이 단순히 '가만히 있어도 누구나 저절로 리더가 된다'라는 뜻이 아닌 것처럼, '나는 왜 리더십이 부족할까?'라는 고민도 조금 다른 각도에서 생각해볼 필요가 있다.

'당신은 처음부터 리더십을 갖고 있는 사람인가?'
'당신은 원래부터 리더십이 부족한 사람인가?'
'당신이 매사에 리더십이 부족한 이유는 당신이 태어날 때부터 그런 사람이기 때문인가?'

위와 같은 질문들은 다음과 같이 바꿔볼 수 있다.

'당신은 당신의 타고난 장점들을 잘 발휘하기 위해 지금 이 순간 노력을 계속 하고 있는 사람인가?'

다시 말해 리더십은 어떤 하나의 완성된 형태의 결과물을 의미하는 것이 아니라, 평생에 걸쳐 자신을 연마시키고 새로운 것을 배우고 익히고 발전시켜 나가는 과정 속에서 꾸준히 습득되는 '삶의 자세'라 할 수 있다.

리더십은 고정된 것이 아니라 변화하는 과정 자체를 일컫는다.

지금 처한 상황에서, 만나야 하는 사람들과의 관계 속에서 더 나은 커뮤니케이션과 더 바람직한 성과를 위해 매 순간을 배움의 과정으로 여기는 것이다. 리더십은 그 부단한 과정에서 끊임없이 생성되는 일종의 에너지이자 힘이다.

  매사에 리더십이 부족하다고 생각된다면 그것은 당신이 리더가 되지 못해서가 아니라 리더로서 발전하겠다는 마음의 '준비'가 되어 있지 않기 때문이다.

  21세기의 '격 있는 리더'는 매 순간 발전하려 노력하는 사람이다.

  그렇다면 '리더십이 부족한' 사람이란 어떤 사람일까? 그는 '노력을 멈춰버린' 혹은 '노력을 시도하지 않는' 사람일 뿐이다.

왜 신뢰받지 못하는가?

신뢰받지 못한다면 이유가 있다

지금 한국 사회에서 가장 큰 화두 중의 하나는 바로 건강한 리더십의 실종, 혹은 믿고 따를 수 있는 리더의 부재일 것이다.

남다른 능력으로 리더의 위치에 오른 사람들이 신뢰받지 못하는 이유는 무엇인가? 우리는 어떤 리더를 신뢰하고, 어떤 리더를 신뢰하지 못하는가?

역사적으로 최고의 지위에 오른 뛰어난 능력의 리더들 중에는 자만심이나 방심, 혹은 잘못된 욕망 때문에 돌이킬 수 없는 과오를 저질러 한 순간에 나락으로 떨어지고 마는 경우도 적지 않다.

그런데 실패한 리더들의 사례들을 자세히 들여다보면 그들은 최고의 위치에 있을 때 이미 추락의 징조를 보인 경우가 많다.

그들은 언제부턴가 잘못된 가치관을 가졌거나, 권력에 도취되었거나, 초심을 잊어버리고 리더로서의 자세를 잃어버렸다. 예를 들어 워터게이트 스캔들로 유명한 미국의 닉슨 대통령은 사건이 터지기 전부터 이미 국민들로부터 '교활한 딕'이라는 별명으로 불리고 있었다.

그는 워터게이트 사건이 터지고 난 직후 "나는 아무것도 몰랐다"라며 보좌관들에게 책임을 전가하는 내용의 인터뷰를 했다. 미국 역사상 최초로 임기 중에 탄핵된 대통령이 되고 나서도 그는 "내가 몇 가지 잘못을 저지르긴 했지만 사소한 것들이었다"라고 발언했으며, 그 후에도 "내가 대체 무슨 잘못을 했다는 거지?"라고 부르짖곤 했다고 전해진다.

리더는 능력보다 '격'이 중요하다

중국 명나라 말기의 문인 홍자성이 지은 명언집인 《채근담》에는 '신뢰받지 못하는 리더'의 공통점을 정확히 꼬집은 듯한 구절이 나온다. "그릇이 작은 사람은 성공하면 제 자랑으로 삼고 실패하면 남의 탓으로 돌린다"라는 것이다.

신뢰받지 못하는 리더도 마찬가지다. 훌륭한 리더는 모든 일에 책임의식을 갖지만 실패한 리더는 잘못된 결과의 책임을 다른 사람에게 전가하는 것이다.

　이미 오래 전 미국에서 일어났던 역사적 사건이기는 하지만 닉슨 대통령의 사례에서 발견할 수 있는 리더의 모습은 지금의 한국 사회에도 그리 낯선 모습만은 아닐 것이다. 닉슨은 뛰어난 자질을 가진 유능한 정치가였고 미국 최고의 리더의 자리인 대통령의 위치에까지 올랐지만 불명예스럽게 물러나야 했다.

　신뢰받는 리더십이라는 것은 높은 지위에 오른다고 해서, 혹은 탁월한 능력을 발휘한다고 해서 저절로 얻어지는 것은 아니다. 리더십은 지위나 능력 그 이상을 의미하는 것이기 때문이다.

　리더십의 핵심 덕목으로 가장 중요한 것은 결국 '격' 이다. 여기에서 '격' 이란 인격이나 품격을 비롯한 포괄적인 개념이다. 인간으로서의 훌륭한 성품, 누구에게나 믿음을 주는 성격적 자질, 자신이 한 일에 대해 끝까지 책임을 지는 태도이다. 평소에 겉으로 드러나는 사소한 말이나 행동에서부터 믿음을 줄 수 있는 것이 바로 그 사람의 '격' 이다.

격 있는 리더는 안주하지 않는다

　'격' 을 갖추지 못한 리더는 아무리 뛰어난 업적을 쌓아도 하루아침에 신뢰를 잃을 수 있다. 한 마디의 말실수로 돌이킬 수 있는 파국을 맞기도 하고, 행동거지

하나 때문에 비난을 받기도 한다. 아무리 겉으로 포장을 잘하더라도 사람들은 언젠가 그의 본질을 알아채게 마련이다.

종잡을 수 없는 변덕으로 아랫사람들을 불안하게 하는 리더, 겉 다르고 속 다른 리더, 진심을 드러내지 않는 리더, 책임을 떠넘기는 리더, 말과 행동에 일관성이 없는 리더는 사람들의 신뢰를 얻기 어렵다. 이러한 신뢰받지 못하는 리더가 바로 '격'이 낮은 리더의 전형적인 모습들이다.

사람들이 리더에게 기대하는 것은 물론 뛰어난 능력이기도 하지만 한 사람의 인간으로서의 굳건하고 흔들리지 않는 믿음이다. 이 믿음을 잃지 않기 위해서 리더는 최고의 지위에 올랐다고 해서 그 자리에 안주하는 것이 아니라, 오히려 그때부터 격 있는 리더로 거듭나기 위해 도전과 자기발전을 시작해야 한다. 흔한 말로 '초심을 잃지 말아야' 한다.

격 있는 리더는 매일 새로운 준비를 시작하는 사람이다. 사람들의 말에 귀 기울이고 새로운 의견을 받아들이고 몰랐던 것을 배우려는 자세를 잃지 않는 것이 바로 리더의 격을 높이는 지름길이다.

리더십 불능 시대에
누굴 따라야 하는가?

그야말로 진실된 리더십이 절실한 때

한 국가의 리더가 어떤 역할을 하느냐에 따라 그 나라의 국운이 흥하기도 하고 쇠하기도 한다. 국민들이 제일 먼저 그것을 느낀다. 한 기업의 리더가 어떤 사람이냐에 따라 그 기업의 흥망성쇠가 결정되며, 한 공동체의 리더가 누구냐에 따라 그 공동체 전체의 명운이 좌지우지된다.

리더의 영향력과 파급력은 그만큼 강력하다. 《리더의 조건》 등 다수의 저서를 남긴 세계적인 리더십 전문가 존 맥스웰은 진정한 리더십이란 직위 자체가 아닌 '영향력'에서 나온다고 강조했다.

그를 비롯한 전 세계의 여러 리더십 전문가들이 거듭 거론하는 것이 바로 리더의 영향력에 대한 것이다. 리더가 얼마나 발전 지향적인 사람인지, 얼마나 높은 비전을 가졌는지, 얼마나 타의 모범을 보이는 인물인지, 사람들에게 얼마나 굳건한 확신을 주는지에 따라 그 조직 혹은 그 국가는 결정적인 영향을 받는다.

그런 의미에서 오래 전 중국의 사상가 공자가 말한 지도자의 덕목, 즉 "행실이 올바르다면 얼마든지 훌륭하게 정치를 할 수 있다. 그러나 행실이 잘못되었으면서 사람들을 지도한다는 것은 터무니없는 일이다"라는 말은 현대의 그릇된 리더들에게 날카로운 울림을 준다.

미국인들에게 역사적으로 매우 큰 영향력을 끼친 리더 중 한 사람인 루스벨트 대통령은 일찍이 "사람들에게 이상을 심어줄 수 있는 리더, 원대한 비전을 제시할 수 있는 리더, 커다란 꿈을 품고 그것을 실현하기 위해 열심히 노력하는 리더, 사람들의 가슴속에 열망의 불꽃을 전염시킬 수 있는 리더"가 필요하다고 했다.

그런가 하면 영국 역사상 가장 탁월한 리더로 꼽히는 처칠 수상은 "언제나 국민들에게 진실을 이야기하라. 국민들은 처음에는 화를 내고 욕을 할 수도 있다. 그러나 리더가 숨기는 게 없다는 것을 알게 되면 국민들은 결국 그 리더를 더욱 신뢰할 것이다"라고 했다.

불통과 불신의 시대에 우리가 원하는 것

루스벨트도, 처칠도, 리더의 자리와 역할이라는 것이 단순히 최고의 직위에 오르는 것을 의미하는 것이 아님을 간파했다. 그들은 변함없는 진실한 모습과 노력의 과정을 통해 국민과 역사에 발전적인 영향력을 끼칠 수 있는 리더십의 본질에 대해 말한 것이다.

2차 세계대전에서 활약한 미국의 조지 스미스 패튼 장군은 전쟁 도중 저돌적인 작전과 욕설, 기행으로 인해 '전쟁광' 혹은 '싸움닭' 같은 별명으로 불리며 평생 수많은 구설수에 올랐던 인물이다.

그러나 한편으로 그가 이끄는 부대의 병사들은 놀라운 전투력을 발휘하며 장군의 리더십에 충성을 바쳤는데, 이는 필요한 순간에는 얼마든지 자신을 낮추며 병사들과 고통을 함께 했던 리더의 '진심'의 영향력이 크게 작용했다는 평이다.

그는 때로는 가장 낮은 지위의 젊은 병사들에게도 거리낌 없이 다가가 "나중에 자네 손자에게 이렇게 이야기해주게. '패튼'이라는 개자식과 함께 싸웠노라고"와 같은 말을 허심탄회하게 해주었다고 한다. 논란에 오른 그의 여러 구설수와 언행에도 불구하고 전쟁 중의 영향력 있는 리더십과 '고통을 나누는' 리더로서의 면모만큼은 인정을 받은 것이다.

우리는 누구나 리더십이 무엇인지 잘 알고 있다는 착각에 빠져 있다. 그러나 높은 자리에 오르고, 권력을 소유하고, 보통 사람들이 가지지 못하는 특권을 가지는 것을 리더의 자리라고 오해하는 경우가 의외로 많다.

그러나 리더는 오히려 그 반대의 일을 하는 사람이다. 높은 자리에 올랐지만 가장 낮은 위치에서 봉사하고, 권력을 힘을 가지지 못한 사람에게 분배하고, 일부의 특권을 전부에게 되돌려주는 것이 현대인이 원하는 진정한 리더의 역할이다.

요즘 '진정한 리더를 찾을 수 없다' 라는 목소리가 아우성치는 이유는 전자의 리더, 즉 특권과 권력을 소유한 리더는 많은 반면, 후자의 리더, 즉 특권과 권력을 많은 이에게 나눠주는 리더는 찾기 어려운 현실 때문일지도 모른다.

그래서 사람들은 '더 이상 리더다운 리더는 없는가?' 라고 갈망하는 것이다. 정치적 리더나 경제적 리더, 사회 지도층이나 특권층에 보내는 싸늘한 불신의 시선이 이러한 현실을 증명한다. 자칭 리더라고 하는 사람들은 많지만 진정 신뢰할 수 있는 리더는 매우 드물다는 것이다.

지금 우리가 가장 필요로 하는 리더는 힘과 지위와 정보를 혼자 독점하는 리더가 아니라 긍정적인 파급력으로 변화를 이끌어 낼 수 있는 리더일 것이다.

구시대적 발상에서 벗어나 현실을 개선하는 리더십, 인간으로서의 진심을 내보이고 소통하며 미래에 대한 비전을 제시할 수 있는 새로운 리더십이 절실한 때다.

2장

리더는 어떻게 리더십을 얻는가?

1) 유형별 리더십 알아보기

우리에게 가장 절실한 리더십은?

리더십은 시대마다, 나라마다 다르다

리더십이라는 말을 한 마디의 단어나 한 줄의 문장으로 간단히 정의할 수 있을까?

조직이나 집단의 제일 높은 위치에서 사람들을 '통솔하고 이끄는 것'을 리더십이라고 설명할 수 있을까?

흔히 사람들은 리더십이라고 하면 한 종류의 이미지만을 떠올리기 쉽지만 많은 전문가들이 리더십에도 매우 다양한 종류와 형태가 있음을 이야기하고 있다.

올바른 리더십에 관해서는 예로부터 수많은 철학자와 전문가들이 많은 이론을 펼쳐왔다. 그럼에도 불구하고 리더십의 형태와 역할에 대해 이야기하는 주장들은 왜 점점 더 다양해지고 또 세

분화되고 있는 것일까?

첫째, 리더십의 유형은 시대에 따라 변화하기 때문이다.

19세기의 리더십과 21세기의 리더십이 다르고, 1970년대의 리더십과 2010년대의 리더십은 다르다. 정치·사회·경제·문화적인 변화에 따라 그 사회에 필요한 리더십 유형도 달라지는 것이다.

둘째, 각 문화권과 국가에 맞는 리더십이 따로 있다.

예를 들어 현대 미국사회에 필요한 리더십과 아시아에 필요한 리더십이 다르고, 중국 사람들이 요구하는 리더십과 우리나라에 필요한 리더십은 다를 수밖에 없다. 각 국가의 역사, 정치상황, 문화, 국민성이 각각 다르기 때문이다.

빛바랜 리더십 vs 주목받는 리더십

"현대 세계에서 카리스마적 정치가는 해롭다. 중요한 것은 정치 이념이 아니라 과제를 처리해나가는 실무 능력"이라고 한 피터 드러커의 이야기에서 알 수 있듯이, 강력한 리더십이 요구되는 가장 대표적인 분야로 여겨지던 정치적 리더십에 있어서조차도 이제는 '카리스마적'인 리더십, 혹은 지시하고 명령하고 군림하는 리더십이 아닌 합리성과 실리성의 리더십이 강조되고 있다.

카리스마를 강조하는 전통적 리더십과 대조되는 유형에는 로버트 그린리프가 이야기한 '섬기는 리더십'이 대표적이다.

섬기는 리더십이란 사람들의 일방적인 복종을 요구하는 리더가 아니라 오히려 사람들의 목소리에 귀 기울이고 마치 하인이 주인을 섬기듯 낮은 자세로 임하는 리더십을 뜻한다. 통치하려 하지 않고 섬기려 할 때 오히려 사람들의 마음을 끌어당길 수 있다는 것이다. 이러한 리더십은 구성원 개개인을 존중하고 한 사람 한 사람의 능력 발휘를 중시하는 현대사회에 적합한 리더십이라 할 수 있다.

한국 사회에 필요한 리더십은 무엇?

《논어》에 "업무를 엄정히 하면 공경심을 가질 것이요, 능한 이를 뽑아 쓰고 미숙한 이를 가르치면 자발적으로 복종할 것이다"라는 구절이 나온다. 시대가 바뀌어도 변하지 않는 모든 리더십의 본질은 엄정하고 원칙적인 업무 능력과 많은 사람들의 '자발적인 복종'을 이끌어내는 공정한 인재 관리 능력일 것이다.

이러한 원칙 외에도 시대와 사회 특성에 맞는 여러 가지 특수성들이 리더십의 의미에 반영될 수 있다. 그렇다면 현재 한국 사회에 필요한 리더십을 이야기하려면 무엇을 먼저 염두에 두어야 할까?

우선 동아시아 문화권, 그중에서도 중국, 일본과 다른 우리나라만의 독특한 특징을 떠올려볼 수 있다. 우선 우리나라는 경제적·문화적으로 여러 측면에 있어서 과도기적인 국면에 놓여 있다. 개발도상국에서 벗어나 선진국으로 나아가는 과정에서 아직은 사회양극화나 복지 및 경제정책 등 해결과제가 많이 놓여있고, '단일민족'의 신화에서 벗어나 글로벌·다문화적 사회로 나아가고 있지만 아직은 가치관의 혼란을 겪고 있다.

또한 우리나라 사람들은 매우 관계 지향적이다. 학연·지연·혈연 등을 매우 중시할뿐더러 분단국가적 현실로 인해 남성들의 경우 '군대'라는 매우 위계적이고 상하질서적인 경험에 큰 영향을 받는다. 집단과 개인, 전체와 부분에 대한 관념이 매우 다채롭게 변화하고 있기 때문에 강력한 영감을 줄 수 있는 리더십도 필요하지만 이전 시대와는 다른 소통 중심적이고 개인 존중적인 리더십도 요구되고 있다.

또한 큰 집단을 이끄는 일인자형 리더 외에도 조직의 중간에서, 혹은 작은 집단에서 사람들과 관계를 맺고 커뮤니케이션을 원활히 할 수 있는 중간적인 리더의 존재감도 부각되고 있다. 즉 한두 명의 강력한 리더 외에도 '리더+팔로어'의 역할을 동시에 수행할 수 있는 융통성 있는 리더들의 역할이 강조되고 있다.

상황에 따라 능동적으로 변화하는 리더십, 실무자인 동시에 리더 역할을 하는 리더십, 사람과 사람 간의 관계 자체를 중시하며 늘 곁에서 귀 기울이고 발로 뛰는 리더십이 오늘날 한국 사회가 요구하는 리더십이라 할 수 있다. 이를 유형별로 정리하면 다음과 같다.

한국 사회에 필요한 리더십 유형

1. 공감과 소통의 리더십

공감과 소통은 오늘날 한국 사회에서 가장 중요한 키워드이며 이러한 현상은 리더십에도 요구되고 있다. 공감과 소통의 리더십에서 중시되는 리더의 역할은 사람들과의 커뮤니케이션을 멈추지 않고, 함께 부대끼며 경험을 나누는 것이다.

리더는 고립된 집무실의 책상 앞에 앉아 보고를 받는 것이 아니라 사람들과 함께 일하고, 이야기하고, 의견을 나눈다. 성공이나 실패의 경험도 공유한다. 리더는 목적 달성을 위해, 혹은 업무 수행을 위해 큰 그림과 방향을 제시하기는 하지만 세부사항에 대해 일일이 지적하거나 명령을 내리는 것이 아니라, 그 목적을 위해 어떤 과정을 거칠 것인지를 구성원들과 함께 만들어간다.

구성원들은 업무에 대한 참여도와 자신들의 능력이 중시되고 있다는 느낌을 받는다.

지시 때문에 일하는 것이 아니라 자신의 역할이 중요하기 때문에 스스로 일하고 참여한다. 또한 구성원들은 위계질서의 아래쪽에 있는 것이 아니라 지위나 직위와 상관없이 각자의 존재 가치를 존중받는다.

공감과 소통의 리더십은 패배적이고 침체되어 있는 사회에 희망과 활력을 불어넣어줄 수 있는 가장 절실한 리더십이라 할 수 있다.

2. 동기부여의 리더십

동기부여의 리더십은 공감과 소통의 리더십 효과에서 파생되는 것으로서 리더의 모범적인 삶과 태도 자체가 구성원들의 임무 수행에 강력한 동기부여 요소로 작용하는 리더십을 뜻한다.

이러한 리더십을 갖춘 리더는 그 자신의 생활과 언행 자체가 다른 사람에게 귀감이 되며 열정과 영감을 불러일으킨다. 이것은 제임스 번스가 말한 '변혁적 리더십', 즉 '리더와 팔로어가 더 높은 동기와 도덕성을 갖도록 서로 협력하게 하는 리더십'의 개념과도 일맥상통하는 면이 있다.

동기부여의 리더십을 지닌 리더는 업무 능력과 효율성을 기본적으로 보유하고 있고, 감성적·정서적 면에서도 구성원들을 긍정적으로 자극하고 자연스러운 울림을 만든다. 그래서 구성원들은 희로애락의 경험과 감정을 공유하는 가운데 리더가 제시하는 것을 자연스럽게 받아들이며 성취를 위해 노력하게 된다.

건전하고 생산적인 경쟁구도가 조성되는 가운데 구성원 각자가 개개인의 삶에 대한 강한 동기부여를 받도록 하는 환경을 만드는 것이 이 리더십의 핵심이다. 구성원들은 늘 창의적인 해결 방법을 찾고 제안하는 것을 두려워하지 않으며, 리더와 다른 구성원의 기대에 부응하기 위해 스스로의 발전을 더욱 도모한다.

3. 관계지향의 리더십

요즘 한국 사회는 과거의 집단주의적인 문화에서 벗어나 개인과 개인의 사소한 관계 자체에 큰 가치를 두는 경향이 강해지고 있다.

따라서 리더는 구성원들과 어떤 관계를 형성할 것인지를 항상 염두에 두어야 한다. 상명하달 식의 폐쇄적인 커뮤니케이션에서 벗어나 쌍방향적이고 평등하고 투명한 의사전달 방식이 조직 전체의 문화가 되어야 하며, 상호 간의 우호적인 관계 자체가 갈등 극복의 토대가 될 수 있어야 한다.

관계지향의 리더십에는 리더와 구성원 간에 긴밀한 협력과정과 원활한 피드백, 그리고 신뢰 관계가 중시된다. 창의적이고 생산적인 아이디어들을 수렴하기 위해 구성원 전체의 의견을 들을 수 있는 장이 마련되어야 하며, 시행착오나 실패 경험도 리더와 구성원 전체가 함께 해결해나가는 과정을 통해 발전을 이루게 된다.

4. 자기성찰의 리더십

요즘 한국 사회에서 가장 문제가 되는 것은 '타의 모범'이 되지 못하는 사회지도층 혹은 특권층에 대한 강한 거부감일 것이다. '갑질'을 일삼으며 안하무인으로 사람을 대하는 일부 특권계급이나 비뚤어진 리더의 모습은 우리 사회의 병든 부분을 반영하고 있다.

따라서 지금 우리에게 필요한 리더십은 리더가 언제나 각성하고 깨어 있으며 스스로 성찰을 통해 도덕적·인간적으로 모범이 될 수 있는 리더십이다.

리더는 항상 반성하고 성장하며 잘못된 것은 즉각 뉘우치고 개선할 수 있어야 한다. 이러한 리더십이 지배하는 조직에서는 구성원들 역시 도덕적·윤리적·인간적으로 문제가 되는 언행을 하는 것 자체를 경계하는 문화가 자연스럽게 조성된다. 즉 리더와 구성원들이 전인적으로 발전하고 성장하는 것이 중요하다.

　자기성찰의 리더십을 갖춘 리더는 목적을 위해 수단방법을 가리지 않거나 개개인을 희생시키는 가치관을 지향하지 않으며, 목적 달성 자체보다는 과정을 중시한다. 비윤리적이거나 변칙적인 과정을 용납하지 않는 것이다. 또한 리더 본인의 자기성찰과 더불어 구성원 모두의 인간적 성장과 발전에 초점을 맞춘다.

신뢰받는 소통형 리더가 가져야 할 5가지 요소

1. 열정

신뢰받는 리더는 그 자신이 삶과 업무에 적극적인 열정을 갖고 있다. 지위나 직위 때문에 일하는 것이 아니라 자신이 하는 일 자체의 가치를 높이 평가하는 것이다. 이런 모습이 자연스럽게 드러나는 리더는 다른 사람에게도 열정의 에너지를 자연스럽게 전해준다.

2. 자존감

건강한 자존감을 지닌 리더는 자신의 인간적 가치만이 아니라 자신 외의 모든 인간을 존중하며 모든 사람들의 가치와 품위 있는 삶의 영위를 중시한다. 자기 자신에 대해 긍정적인 자긍심을 갖고 있을 뿐만 아니라, 아무리 지위가 낮거나 계층이

다른 사람이라 하더라도 인간적인 예우를 할 줄 안다. 또한 건강한 자존감을 지닌 리더는 명분, 지위, 외모, 학력, 권력 때문에 타인을 무시하거나 짓밟지 않는다.

3. 자신감

신뢰받는 리더는 업무 수행에 있어서 자신의 경험을 토대로 확신을 가지고 있으며 노련하고 유능하게 목적을 향해 나아갈 수 있다는 확고한 자신감을 가지고 있다. 또한 리더 본인의 자신감만 강조하는 것이 아니라 구성원 모두가 각자의 위치에서 유능감과 자신감을 가질 수 있도록 동기부여를 한다.

4. 진취성

신뢰받는 소통형 리더는 모든 일에 오픈마인드를 가지고 열려 있는 리더다. 도전적이고 미래지향적이며 이제까지 해보지 않았던 새로운 방식을 도입하는 것을 두려워하지 않는 진취성을 실천하고 이를 구성원들에게도 적극 장려한다.

5. 인정

신뢰받는 리더는 구성원들의 업적과 발전 과정에 대해 항상 긍정적인 피드백과 독려를 아끼지 않으며 역량을 인정해준다. 타인에게 인정받기를 바라는 모든 인간의 공통적인 심리를 잘 알고 있는 리더는 매사에 적절한 인정과 보상을 통해 조직 전체의 성과와 효율성을 높인다.

2) 아무도 따르지 않는 리더, 무엇이 문제인가?

권력을 자기 힘으로 착각한다

권불십년의 법칙을 기억하라

"어떤 사람의 인격을 알고 싶다면 그 사람에게 권력을 줘보라"라고 말한 링컨부터 "아무리 강한 권력자라도 언제까지나 지배자 자리에 머물 만큼 강력할 수는 없다"라고 한 루소에 이르기까지, 권력의 남용을 조심하라는 조언은 이 세상 모든 리더들이 가장 중요하게 숙지해야 할 법칙으로 존재해 왔다.

우리말에도 권불십년(權不十年), 즉 '권세는 10년을 가지 못한다'라는 말이 있다. 아무리 높은 권력을 쥐게 되더라도 언젠가는 그 권력이 사라진다는 뜻이다.

많은 추종자, 한 사회, 나아가 한 국가까지 좌지우지할 수 있는 엄청난 힘을 한 개인이 갖게 될 때 사람은 누구나 큰 유혹과 부담을 동시에 느낄 것이다. 권력을 잘못 사용하여 돌이킬 수 없는 잘못을 저지를 수 있다는 부담에 짓눌릴 수도 있지만, 권력을 휘둘러 자신이 원하는 것을 차지하고 싶은 유혹에도 사로잡히는 것이다.

그래서 링컨의 말처럼 어떤 사람에게 권력을 쥐어주었을 때 그 권력을 어떻게 쓰느냐에 따라 그 사람이 리더로서의 그릇과 인격이 어떤지를 알 수 있다고 하는 것이다.

수백 년이 지난 오늘날까지 폭군으로 기억되는 조선의 임금 연산군도 어린 시절에는 총명하고 똑똑하며 감수성이 풍부한 아이였다고 전해진다. 게다가 그는 조선의 중흥기와 안정기를 이룩하는 데 큰 업적을 세운 성종의 맏아들로서 얼마든지 탄탄한 기반 속에 성군이 될 수도 있었다. 그러나 그는 왕으로서의 권력을 엉뚱한 곳에 쏟아부었고, 그야말로 '흥청망청' 하는 삶을 살다 반정으로 물러나야 했다.

인류 역사상 대표적인 폭군으로 불리는 로마의 네로 황제도 처음부터 악명을 떨친 것은 아니었다. 그는 백성을 위한 많은 정책을 펼치고 예술에도 뛰어난 재능을 가진 인기 있는 왕이었지만, 점차 권력을 제대로 활용하지 못하고 남용하기 시작했다. 게다가 충신이 아닌 간신들만 가까이 하고 감언이설만 들으며 돌이킬 수 없는 일들을 저지르기 시작했던 것이다.

권력은 개인의 것이 아니다

뛰어난 능력을 발휘하던 리더가 높은 지위를 차지하고 소위 '권력자'의 위치에 올랐을 때 저지르는 가장 큰 실수는 권력자로서의 힘을 마치 자기 개인의 힘으로 착각한다는 것이다.

권력을 가진 자에게 보내는 사람들의 지지를 마치 개인으로서의 자신에게 보내는 찬사인 것으로 착각하고, 권력자에게 머리 숙이는 것을 자신에게 복종하는 것으로 착각한다. 사람들이 자신을 따르는 것은 단지 권력 혹은 지위 때문인데, 마치 자기 자신의 위대한 능력 때문인 것이라고 부지불식간에 혼동하기 시작한다. 그러다 보면 인기에 도취되고, 듣기 좋은 아첨하는 말에 도취되고, 힘에 도취된다. 그러다 결국은 무슨 짓을 해도 사람들이 여전히 자신에게 머리를 조아리고 복종해줄 것이라는 생각을 하게 되는 것이다.

처음에는 양심의 가책을 느낄 수도 있지만, 그러한 가책은 점점 희미해지고, 자신이 가진 권력을 어디까지 쓸 수 있는지 시험해보고 싶은 유혹에 빠진다. 급기야 잘못된 일, 비윤리적인 일, 탈선과 범법의 경계선을 가볍게 뛰어넘게 된다. 그때부터는 '내가 하는 모든 일은 모든 사람을 위한 것이다' 혹은 '내가 하는 일은 권력자로서의 권리이니 허용될 수 있는 것이다' 라는 자기합리화를 하기 시작한다.

흔히 권력을 잘못 쓰면 마치 알코올이나 마약에 중독되는 것처럼 파국적인 결말로 치닫게 된다고 한다. 마약중독자가 처음에는 '조금만 더', '한 번만 더' 라는 덫에 걸려든 것처럼 권력을 휘두르는 것도 처음에는 작고 사소하게 시작된다. 그러나 마약 투약을 반복할수록 중독 증세가 심해지고 자신의 본 모습을 잃어버리는 것처럼, 그리고 술을 마시면 마실수록 정신과 육체가 망가지는 것처럼, 남용된 권력은 권력자 본인과 주변을 돌이킬 수 없을 정도로 심하게 망가뜨린다.

권력을 감당할 수 있는가?

리더가 올바른 가치관과 곧은 인격을 갖고 있지 않다면 그 사람은 한 순간에 쥐게 된 권력을 흉기처럼 휘두르거나 잘못된 곳에 사용할 확률이 높아진다. 처음에는 그 힘이 달콤하고 통쾌하게 느껴질 것이다. 그러나 언젠가는 그 자신도 권력에 의해 장악당하고 지배당한다.

리더가 권력을 남용하게 되는 것은 주변에 견제세력이 없거나 제 역할을 못하기 때문이다. 권력에 빌붙으려는 사람들이 하는 듣기 좋은 말, 듣고 싶은 말만 듣게 된다. 반면 듣기 싫은 쓴소리를 멀리한다. 그때부터 옳고 그른 것을 구분하는 리더의 판단력은 상실되고 만다.

권력을 자기 것으로 착각하고 함부로 쓰는 리더는 사람들의 신뢰를 금세 잃는다. 사람들은 그 리더를 점점 믿지 않게 되고, 겉으로만 복종할 뿐 속으로는 그 리더가 권력을 잃게 되기를 기다린다. 아무도 따르지 않는 리더가 되는 것이다. 따르지 않는 사람들을 따르게 하려면 더 큰 힘으로 밀어붙이고 억눌러야 하므로 악순환은 더욱 반복된다.

사람들이 따르지 않는 데는 이유가 있다. 그러나 정작 리더 본인은 자신이 권력에 중독되어 잘못된 길을 가고 있다는 것을 깨닫지 못한다.

독선적이지 않은 리더, 권력을 정당한 권위로써 적정선에서 사용하는 리더가 되는 길은 그만큼 어렵다. 그래서 리더는 얼마나 높은 지위에 오르느냐보다 그 지위를 감당할 인격의 그릇을 갖추고 있느냐가 중요하다.

결단력이 결여되어 있다

합리적으로 판단하고 실행할 능력

독단적인 리더만큼 위험한 사람은 바로 우유부단한 리더다. 아무리 능력이 뛰어나고, 지식이 해박하고, 좋은 아이디어를 많이 갖고 있고, 여러 사람들의 다양한 의견을 존중하는 배려심을 가지고 있다 하더라도, 결정적인 순간에 실행하고 실천하는 결단력을 발휘하지 못한다면 그 무엇도 발전시킬 수 없을 것이다. 성격이 부드러운 것과 결단력 측면에서 우유부단한 것은 전혀 다른 문제다. 사람은 누구나 망설일 수 있고 자신의 생각에 확신을 못 할 수도 있다. 그러나 결정하지 못하고 판단하지 못하는 리더는 무능한 리더 그 이상도 이하도 아니다.

결단력이 부족하고 매사에 자신감이 없는 리더는 얼핏 보기에는 매우 인간적이고 사려 깊은 사람으로 보일 수도 있다.

그러나 그것이 개인적이거나 인간관계 측면에서 발휘되는 것이 아니라 업무영역이나 공적인 부분에서까지 마냥 '사려 깊기만' 하다면, 리더의 결단력 부족에 따르는 손해와 고충을 그를 따르는 팔로어나 동료들이 고스란히 짊어져야 하는 사태가 발생한다. 조직 전체가 막대한 피해를 입거나, 남에게 큰 피해를 입히기도 한다. 이런 경우, 리더를 제외한 나머지 사람들이 필요 이상으로 힘들게 일해야 할 수도 있고, 리더 대신 결정을 해야 할 수도 있고, 리더가 머뭇거리느라 낭비된 시간을 다른 것으로 벌충해야 할 수도 있다.

결국 사람들은 이러한 리더에게 불만과 의심을 품을 수밖에 없으며, 아무도 그 리더의 말과 행동을 믿고 따르지 않게 된다.

리더의 위기관리 능력이 관건

리더가 결단력이 있는 것과 오만한 것은 다르다. 결단력이 있다는 것은 이성적이고 침착한 눈으로 사안을 바라보며, 꼭 필요한 순간에 자신감 있게 결정을 내리고 추진하며 목표를 향해 전력투구하는 에너지가 있다는 뜻이다.

이러한 결단력이 빛을 발하는 것은 위기상황일 때다. 평상시에는 리더가 조금 부족하더라도 팔로어들의 보조나 협력에 의해 무사히 넘어갈 수도 있지만, 긴급하고 비정상적인 위기상황에서는 리더가 어떤 판단을 내리고 실행하느냐에 따라 결과가 극과 극으로 달라진다. 인명구조에서 사람의 생명을 살리고 못 살리는 소위 '골든타임'을 놓치지 않는 것이 무엇보다 중요한 것처럼, 조직이나 단체가 위기를 어떻게 넘기느냐 하는 것은 리더의 결단력에 달려 있다.

위기관리능력이 있는 리더란 크나큰 시련이나 예상하지 못한 돌발상황 앞에서 허둥대지 않고 침착하게 상황을 판단한다. 이러한 리더는 난관에 봉착했을 때 일찌감치 포기하거나 비관하지 않지만 그렇다고 해서 근거 없는 낙관론만 펼치며 운에 기대지도 않는다. 당황하여 감정에 휘말리지 않도록 한 발 물러서서 지켜보되, 지금 이 순간 할 수 있는 여러 가지 선택지 중에서 최선이라고 판단되는 선택을 하며 평정심을 유지한다. 위기를 대하는 리더의 이러한 태도와 판단능력은 사람들에게 큰 영향을 끼친다. 난관을 타개할 수 있다는 자신감과 영감과 동기부여를 다름 아닌 리더의 태도로부터 부여받기 때문이다.

결단력 없고 자신감 없는 리더를 따르고 싶은 사람은 아무도 없을 것이다. 결단력이란 자신감에서 비롯되며, 자신감이란 자기 자신의 판단과 문제를 해결할 수 있는 역량에 대한 확신을 의미한다.

이러한 결단력에는 다음과 같은 것들이 있다.

- 불확실한 상황에서 판단을 내리는 상황판단력
- 비합리성 속에서 최선의 합리적인 선택을 하는 능력
- 일단 선택한 것은 굳게 밀고 나가겠다는 의지
- 옳다고 생각한 것에 대해서는 흔들림 없이 실행하겠다는 실천력
- 때로는 남들이 반대하는 것에 대해 소신을 피력할 수 있는 자신감
- 다른 사람들이 비난하더라도 차분히 듣고 수렴할 수 있는 침착함
- 외부의 그릇된 압력에 굴복하거나 타협하지 않겠다는 용기
- 빠르게 판단해야 할 때 신속하게 결정할 수 있는 순발력
- 당황스러운 상황 앞에서 객관성을 잃지 않는 합리성

결단력이란 뭔가를 '함부로 저지르는 것'이 아니라 차가운 이성과 인간적인 감정 사이에서 균형을 이루는 것이다. 자신감을 갖되 고집을 부리지 않는 것이고, 도전하고 실천하되 흥분하지 않는 것이다. 때로 리더가 처하는 위기상황이란 크나큰 심리적 압박감을 주는 경우가 많다. 그러나 리더는 그럴 때일수록 감정을 통제하고 상황을 정확히 바라볼 수 있어야 한다. 리더가 이성을 잃을 때 그 조직 전체가 위기에 처할 수 있음을 늘 염두에 두어야 한다.

내뱉은 말을 지키지 않는다

리더의 약속은 목숨보다 중하다

"말을 쉽게 하는 것은 책임지지 않는다는 뜻"이라고 한 맹자의 말은 약속의 가치가 땅에 떨어진 오늘날 현대사회에 의미심장한 메시지를 던져준다. 특히 리더는 말 한 마디, 약속 하나를 할 때에도 자신이 한 번 내뱉은 말의 힘과 파급력에 대해 두 번 세 번 심사숙고해야 한다.

명나라 말기의 정치가 여곤은 "속이 비었는데 말로 치장할 때 그 말에 친근감을 느낄 수 없고, 성의가 없는데 겉으로만 꾸몄을 때 그 행동에 믿음을 가질 수 없다"라고 하며 말과 행동의 신뢰성이 가지는 가치를 이야기했다.

또 제갈량은 "옳고 그름을 판단하지 못하고 신상필벌의 법을 엄정히 집행하지 못하는" 리더는 리더로서의 자격을 잃은 것이나 마찬가지라고 하며 역시 리더가 잃지 말아야 할 태도가 무엇인지에 대해 화두를 던지고 있다.

 지킬 생각이 없는, 혹은 지키기 어려운 약속을 함부로 남발하는 것을 당연시하는 오늘날의 수많은 정치인이나 사회적 리더들로 인해 사람들은 리더가 하는 말에 대한 신뢰를 잃은 지 오래되었다.

 그런 의미에서 제갈량의 일화에서 나온 고사성어인 '읍참마속(泣斬馬謖)'은 약속을 생명과 동등한 것으로 여기고 지킨다는 것이 무엇인지를 알려준다.

 서기 200년 경 중국 삼국시대 때 촉나라의 제갈량은 위나라를 정벌하기 위해 싸우던 중 위나라의 방어진을 깨뜨리고 요충지를 장악하기 위해 누구를 보낼 것인지 고심한 끝에, 자신의 절친한 친구의 아우이자 뛰어난 장수인 '마속'이라는 인물을 선발하게 되었다. 전략상 중요한 작전이었기에 실패하면 죽음을 각오해야 하는 상황이었고, 마속 역시 실패 시 참형에 처해지는 것을 달게 받아들이겠노라며 작전에 임했다.

 그러나 막상 현지에 도착했을 때 마속은 예상하지 못한 돌발상황 속에서 애초에 제갈량이 당부한 명령을 어기게 되었고, 결국 적에게 군사의 상당수를 잃은 채 구사일생으로 본진에 되돌아오고 말았다. 마속이 명령을 어기고 실패함으로써 제갈량의 작전과 중원 진출 계획도 물거품이 되었으며 마속은 약속대로 참형에 처해졌다.

그의 재주와 젊음을 아깝게 여긴 많은 사람들이 이번 한 번만 용서해줄 것을 호소했지만 제갈량은 "사사로운 정 때문에 군율을 어긴다면 그것 또한 큰 죄"라고 하면서 마속을 형장으로 보냈다. 아끼던 부하의 목을 베어야 하는 제갈량도, 군율을 어긴 마속도, 그 둘을 바라보는 주변 사람들도 모두 눈물을 흘렸다는 데서 이 고사성어가 나왔다.

지키는 것이 신뢰의 시작이다

약속을 지키기 위해 예외를 두지 않고 사람의 목숨을 거둔 것이 오늘날의 시각으로 볼 때는 비정하고 융통성 없는 것으로 비춰질 수도 있으나, 이 오래된 역사 속 일화에서 나온 고사성어가 상징적으로 강조하는 것은 리더가 지켜내는 약속의 엄정함일 것이다.

리더가 자신의 약속을 지킴에 있어 한 번 두 번 예외를 두다 보면 결국 애초의 약속은 무용지물이 되어버리고 그 조직의 질서와 신뢰는 무너지는 것을 요즘의 수많은 사례에서 볼 수 있다.

선심 쓰듯이 약속을 하고, 인기를 끌기 위해 약속을 하고, 일시적으로 사람들을 내 편으로 만들기 위해 많은 약속들을 하지만,

막상 위기를 넘기고 나면 자신이 언제 그런 약속을 했느냐는 듯이 잊어버리고 만다. 혹은 그런 약속을 한 기억이 나지 않는다며 발뺌을 하는 모습도 어렵지 않게 볼 수 있다.

꼭 정치나 경제 분야에서 큰 역할을 하는 리더들이 아니더라도, 현대인들은 일상 속에서 수많은 약속을 하고도 쉽게 어기곤 한다. 오프라인은 물론이고 온라인상에서도 무수한 관계를 형성하며 바쁜 일정과 과도한 업무에 치이다 보니, 해야 하는 약속도 많지만 그만큼 지키지 못하는 약속들도 많아지는 것이다.

만약 개인적인 인간관계에서라면 약속을 지키지 못하는 횟수가 두 번 세 번 늘어날수록 상대방과의 관계는 악화될 것이다. 그 사람이 하는 말을 '믿지 못할 말'로 여기게 되기 때문이다.

더욱이 리더가 자신의 약속을 지키지 않는 모습을 보이게 된다면 결국에는 그 리더를 신뢰하고 따르는 사람들은 하나둘씩 떠나게 될 것이다.

'저 사람은 지키지 못할 말만 한다'라는 낙인이 찍히는 순간부터 그는 사실상 리더로서의 가장 중요한 힘을 잃은 것이나 마찬가지다. 사람들이 리더에게 기대하는 것 중 가장 핵심적인 것이 바로 신뢰성이기 때문이다.

따라서 크든 작든 사람과 조직을 이끄는 리더라면, 어떤 약속을 하기 전에 그 약속을 반드시 실행할 수 있는지 여부를 거듭 검

토해야만 한다. 그리고 일단 내뱉은 말과 해버린 약속은 어떤 일이 있더라도 지켜내는 모습을 보여주어야만 한다. 리더가 습관적으로 약속을 지키지 않는다면 그것은 자신의 목을 베는 것보다 더 위험한 결과를 초래할 것이다.

적을 만드는 행동을 한다

등 돌리게 만드는 리더의 언행

　　　　　　　　　　　사람들이 따르지 않고 언제부턴가 서서히 등을 돌리는 것을 느낄 때 그 리더는 배신감을 느낄지도 모른다. 혹은 '내가 대체 무엇을 잘못했기에?' 라는 억울함을 느낄 수도 있다. 그러나 사람들이 등을 돌리게 만드는 근본적인 원인은 대개는 리더 자신에게 있다. 좀 더 구체적으로 말하면 평소 하는 말 한마디, 행동거지 하나가 적을 만드는 주요 요인이 되었을 수도 있다.

그중 대표적인 것이 평소 아무 생각 없이 하는 농담이다. 농담이나 유머는 사람과 사람 간의 벽을 허물고 딱딱한 분위기를 부드럽게 만들며 유대감과 친밀감을 형성하는 데 큰 역할을 하기도 한다. 예를 들어 미국의 레이건 대통령은 각료들과의 회의 때도 유머러스한 농담을 통해 긴장을 완화시키고 심지어 생명이 오락가락하던 피습 사건 때조차 유머를 잃지 않는 여유를 보인 것으로 유명하다. 이처럼 농담은 특히 리더의 품성을 반영하며 긍정적인 역할을 할 때도 있지만, 잘못 사용했을 경우 역효과가 더 클 수도 있다. 하는 사람 입장에서는 재미있으라고 한 농담이 듣는 사람에게는 커다란 모욕감이나 불쾌감, 심지어 분노감을 유발할 수도 있기 때문이다.

이를테면 예전에는 여성을 성적으로 희화화하는 농담이 조직 내의 분위기를 '부드럽게' 만드는 유머 코드로 통용되기도 했지만, 이제는 명백한 성희롱이자 범죄행위가 될 수 있다는 것을 누구나 상식으로 알고 있을 것이다.

원인은 자기 자신에게 있다

말과 행동으로 인해 자신도 모르게 적을 만들고 사람을 잃는 리더들에게는 공통적인 특징이 있다.

그것은 바로 타인을 직접적·간접적으로 공격하는 것을 아무렇지도 않게 생각한다는 것이다. 또한 자신의 말이나 행동에 대해 심사숙고하지 않으며, 아무리 의도하지 않았더라도 자신이 누군가에게 상처를 입혔을 수도 있다는 사실을 염두에 두지 않는다는 것이다.

흔히 자기애가 강하고 자존감이 평균 이상으로 강하되 사고의 유연성과 개방성이 떨어지고 타인에 대한 공감능력이 부족한 사람 중에 이처럼 '의도치 않은 공격성'을 미처 생각하지 못하는 경우가 많다.

이런 경우 사고의 경직성이 공격적인 농담의 형태로 평소에 표출될 수 있다. 그런데 그 이면에는 자신의 언행에 대해 자기반성을 하지 않는 이기심이 숨어 있으며 그러한 태도가 오랜 세월 동안 습관화되었을 가능성이 높다. 그래서 자신의 말이, 혹은 행동이 왜 잘못된 것인지 이해하지 못하는 것이다.

흔히 사람을 잃게 만드는 말에는 다음과 같은 것들이 있다.

- 다른 사람을 헐뜯거나 깎아내리는 말
- 다른 사람을 희화화시키고 비하하는 농담
- 외모, 신체장애를 희화화하는 말
- 학력이나 출신을 비웃는 말
- 당사자가 없는 자리에서 하는 험담
- 공개적인 자리에서 하는 비판이나 꾸중
- 여성이나 남성을 성적으로 희화화하는 음란한 농담
- '여자(남자)는' 이라며 상대의 성을 비하하는 말
- 특정 종교, 지역, 문화를 헐뜯는 말
- 다른 인종을 우스갯거리로 삼는 말

- 다른 문화권을 근거 없이 비하하는 말
- 정치적 입장이 나와 다른 사람을 공격하는 말
- 일방적으로 설교하거나 충고하려는 말
- 나이가 어리거나 많다는 이유로 깎아내리는 말

위와 같은 말이나 농담을 습관적으로 자주 하는 리더 중의 상당수는 자신이 한 말의 심각성과 유해성을 잘 깨닫지 못하는 경우가 많다. 그러나 이미 사람들은 그 리더에 대한 믿음과 신뢰를 잃어버렸을 가능성이 높으며, 그 사람의 비난이나 농담의 대상이 되지 않기 위해 그를 슬슬 피하게 될 것이다.

따라서 리더는 높은 위치에 오를수록 자신의 말과 행동을 거듭 점검할 필요가 있다. 사람을 대할 때 매사에 조심하고 역지사지의 입장에서 생각해보아야 한다. 가벼운 농담을 하더라도 그 말 속에 누군가를 우스꽝스럽게 만들거나 불쾌감을 주는 요소가 없는지 확인해야 한다.

리더의 격은 말 한마디에서 나온다 해도 과언이 아니다. 자신이 이끄는 조직을 건강하게 만들고 더 많은 사람들이 자신을 따르도록 하려면 건전하고 사려 깊은 가치관과 인격을 갖추고 말 한마디도 함부로 하지 않겠다는 태도가 몸에 배도록 해야 할 것이다.

틀렸음을 인정하지 않는다

완벽함에 대한 강박증을 버려라

'리더는 모든 면에 있어서 완벽한 사람이다.'
'리더는 하나에서부터 열까지 모든 업무를 꿰뚫고 있어야 한다.'
'리더는 누가 보더라도 부족함이 없어야 한다.'
'리더는 사람들 앞에서 실수하는 모습을 보여서는 안 된다.'
'리더는 인간적이거나 나약한 모습을 들켜서는 안 된다.'

혹시 리더에 대해 위와 같은 생각을 하고 있지는 않은가?

흔히 리더는 뛰어난 능력을 통해 책임 있는 위치에 올라 많은 사람들을 통솔하고 이끌어야 하기에 모든 면에 있어서 완벽해야 할 것이라고 생각할지도 모른다.

그러나 리더는 슈퍼맨처럼 완벽해서 리더의 역할을 하는 것이 아니다. 리더는 자기 자신과 다른 사람들로부터 장점을 이끌어내고 각각 자신의 능력을 발휘할 수 있도록 최적의 환경을 조성하는 사람에 더 가깝다.

모든 일을 잘해야 한다고 생각하는 리더가 의외로 많지만, 그것은 어쩌면 리더로서 역량을 발휘하는 데 있어 방해가 될 수도 있다. 최선을 다하고 합리적으로 문제를 해결하는 것이 아니라 완벽에 대한 강박증으로 인해 전전긍긍하게 될 수 있기 때문이다.

자신의 실수나 잘못을 절대 용납하지 않는 리더, 즉 자신에게 엄격한 잣대를 들이대는 리더는 다른 구성원들에게도 가혹한 조건을 요구할 가능성이 높다. 완벽에 대한 강박을 가진 리더가 이끄는 조직은 리더에게 책잡히지 않기 위해 매사에 눈치를 보고 경직된 마인드를 지니며 새롭고 창의적인 것에 도전하지 않으려는 분위기가 형성된다. 행여나 새로운 의견을 이야기하거나 새로운 방법을 시도했다가 오히려 야단을 맞을 수 있기 때문이다.

또한 완벽에 대한 강박을 지닌 리더는 자신이 하는 일은 무조건 옳고 정당하다고 과잉 확신하는 경향이 있다. 그런 사람은 실수 자체를 용납하지 못하기에, 행여 자신이 실수하거나 잘못을 했다 하더라도 스스로 그것을 인정하지 않고 직시하지 않는다.

그리고 다른 사람들이 그것에 대해 지적하거나, 잘못되었다는 사실을 깨우쳐주더라도 제대로 듣지 않는다. 자신이 얼마나 노력했는지 다른 사람들이 제대로 이해하지 못한다고 생각하는 까닭이다. 자신이 잘못한 것이 아니라 상황이 잘못된 것이며, 자신이 실수한 것이 아니라 운이 나빴던 것이라고 생각한다. 일부러 잘못을 하려 한 것이 아니고, 자신은 오로지 옳고 완벽한 의도를 가지고 있었으므로 그 의도를 알아주지 못한 다른 사람들에게 문제가 있는 것이라고 생각한다.

부족함을 인정하는 리더가 존경받는다

이처럼 귀를 닫고 듣지 않는 리더의 태도는 서서히 불신감을 만들어낸다. 독불장군처럼 모든 것을 진두지휘하되 자기가 하는 일은 무조건 옳다고 여기고 다른 의견은 받아들이지 않는 리더의 모습을 보며 사람들은 그와 동반자가 될 마음을 접게 된다.

완벽에 대한 강박을 갖고 있는 사람은 오히려 현실을 제대로 보지 못한다. 현실에서는 수많은 변수와 돌발 상황, 예측 불가능한 사건들이 벌어지기 마련인데 그러한 것들을 제대로 고려하지 않고 지각하지 못한다.

결국 그는 현실적이지 못한 지극히 이상적인 기준 하나만을 세워놓고 그 기준을 충족시키기 위해 안간힘을 쓴다. 그래서 지나친 완벽주의자는 항상 노력하지만 부족하다고 느끼고, 매 순간 애쓰지만 좌절감과 실망감을 느낀다. 그러한 부정적인 감정은 리더를 따르는 다른 구성원들에게도 전파되어 그 조직 전체를 경직되게 만든다.

자신의 잘못과 실수를 알아차리고 바로 인정하는 것, 자신의 지금의 위치나 이제까지의 업적과 상관없이 누구나 실수할 수 있는 인간임을 아는 것은 리더의 마음가짐에 있어서 가장 중요시되는 항목으로 꼽힌다.

아무리 탁월한 사람이라도 실수할 수 있고 잘못할 수 있다. 판단착오를 저지를 수 있고 뭔가를 놓칠 수 있다. 리더 역시 그런 사람 중 하나다. 실수를 자각하고 인정할 수 있다면, 그것을 만회하거나 해결할 수 있는 더 나은 방법을 찾을 기회가 열린다. 실수를 통해 새로운 것을 배울 수 있고 기존에 하지 않았던 길을 갈 수도 있다.

틀렸다는 사실을 바로 인정하고, 자신의 판단이 틀릴 수 있다는 가능성을 언제나 열어놓는 리더에게서 사람들은 오히려 호감과 믿음을 느낀다. 그런 리더는 비록 때로 실수는 할 수 있지만 뭔가 문제가 생겼을 때 함께 해결책을 찾으며 개선방향을 찾을 수 있게 해줄 것이라는 안정감을 준다.

때로는 솔직하게 인정하라.

모르는 것을 인정하고, 모를 수도 있음을 인정하라.

틀렸을 수 있음을 인정하라.

잘하는 것도 있지만 못하는 것도 있음을 받아들여라.

최선의 노력을 했지만 판단착오로 인해 실수를 저질렀음을 즉각 받아들이고 그러한 실수를 다른 사람들과 공유하라.

잘 아는 것이 무엇이고, 잘 알지 못하는 것이 무엇인지를 솔직하게 토로하라.

만약 실수나 잘못을 했다면 곧바로 고백하고 시인하고 사과하라.

자신의 생각만 옳다고 고집 부리거나, 틀렸는데도 맞았다고 우기기 위해 합리화를 하거나, 사실을 왜곡하거나, 진실을 감추지 말라.

잘못을 감추기 위해 책임을 다른 이에게 돌리거나 회피하려고 하지 말라.

무조건 완벽해야 하고, 모든 분야에서 백 퍼센트의 옳은 판단을 내려야 한다는 강박관념에서 벗어나야 한다. 인정하고 받아들이고 그것을 사람들과 나눌 때 사람들은 그러한 리더를 더욱 진심으로 따를 것이다.

귀 기울이지 않는다

리더는 듣는 사람이다

각료들과의 소통을 중시한 미국의 케네디 대통령은 '의미 있는 대화의 장을 조성' 하는 것을 리더의 중요한 역할이라고 이야기하면서, 특히 '자신의 의견을 갖고 서로의 의견을 비판적으로 들으면서 부딪히는 부단한 소통의 과정이 있어야 함'을 강조했다.

팔로어들과, 혹은 조직의 구성원들과 얼마나 소통을 원활히 하느냐에 따라 리더의 역량과 조직 전체의 성과는 달라진다.

사려 깊은 경청과 피드백 과정, 찬성과 반대 모두의 의견에 호의적이고 열린 마음으로 대하는 태도는 사람들로 하여금 자발적인 노력을 하게 만들고 자신과 조직을 위해 최선을 다하게끔 유도한다. 리더는 모든 목소리에 귀 기울이고, 피드백을 주고받고,

토론을 하고, 토론의 장을 조성하고, 대화를 통해 의견 차이를 좁혀나가는 역할을 하는 데 가장 많은 에너지를 사용해야 한다.

사람은 누구나 상대방이 자신의 이야기를 들어주기를 바란다. 자신의 의견이 수렴되기를, 다른 사람들이 자신의 말과 행동을 인정해주기를, 그리고 좋아해주기를 바란다. 자신의 의견이 받아들여지고, 인정되고, 쓸모 있게 사용되기를 원한다. 그래서 구성원들 의견을 받아들이고, 경청하고, 즉각적인 긍정적 피드백을 주고받는 것을 주저하지 않는 리더는 더 많은 사람들을 자기편으로 끌어들일 수 있다.

반면 들어주지 않고, 인정하지 않고, 무슨 말을 해도 귀 기울이지 않고, 새로운 의견을 받아들이지 않는 리더는 시간이 갈수록 사람을 잃는다.

경청하지 않고 피드백도 하지 않는 리더는 벌써 평소의 표정부터가 다르다. 귀로는 소리를 들을지 모르지만 그 소리에 담긴 내용에 의미를 부여하지는 않기에 누군가가 새로운 의견, 혹은 비판하는 의견을 내놓으면 싫은 내색, 듣지 않는 내색, 받아들이지 않는 내색을 하기 마련이다.

듣기 싫어하는 기색이 역력한 리더에게는 아무도 새로운 의견을 내지 않을 것이다. 결국 그 조직은 소통이 이뤄지지 않고, 토론이 벌어지지 않는 '고인 물' 같은 조직이 되어 서서히 쇠퇴

한다.

건강하고 발전적인 조직의 분위기는 사실상 리더가 만드는 것이다. 리더가 다른 의견, 새로운 의견, 반대의견까지 적극 들어주고 받아들이는 태도를 일상화할 때 구성원들 사이에서도 서로 간에 커뮤니케이션을 활발하게 하는 분위기가 만들어진다.

최선을 다해 듣는 방법

귀를 기울인다는 것은 '듣고 싶은 이야기만 듣는' 것과는 다르다. 그것은 때로는 듣기 싫은 소리, 인정하고 싶지 않은 이야기, 불쾌한 말까지 주의 깊고 진지하게 듣는다는 것을 의미한다.

물론 '싫은 소리'를 듣는 것이 기분 좋은 사람은 아무도 없을 것이다. 리더도 마찬가지다. 리더의 정책이나 의견에 대해 비판하거나 비난하는 목소리를 들을 때면, 리더 역시 사람인지라 당연히 위축되거나 기분 나쁠 수 있다. 그런 말을 하는 상대방에 대해 안 좋은 감정이 들 수도 있다.

그러나 리더의 격을 높이기 위해서는 긍정적인 의견과 부정적인 의견을 고루 듣는 것의 가치를 이해하고 실천해야 한다. 반대하거나 비판하는 의견 속에 조직이나 리더 자신의 발전을 위해 가장 중요한 핵심 내용이 들어 있을 수 있기 때문이다. 반면 칭찬

하고 칭송하고 떠받드는 말, 그래서 듣기에 기분 좋은 이야기들 속에 오히려 리더 자신과 조직의 발전을 가로막는 내용들이 들어 있을 수 있다.

달콤한 아첨을 일삼는 간신을 가까이 하고, 쓴소리를 하는 충신을 멀리할 때 그 왕이 어떤 운명을 맞게 되는지는 역사속의 수많은 사례가 증명하고 있다. 그래서 리더는 듣기 좋은 소리와 듣기 싫은 소리를 모두 평등하게 경청하기 위해 노력할 필요가 있다.

반대나 비판의 피드백이 들려온다면 어떻게 해서 그러한 의견이 나오게 되었는지를 이해하고 분석해야 한다. 만약 오해가 있었다면 오해를 풀고, 근본부터 잘못된 점이 있었다면 처음으로 되돌아가 수정할 수 있는 절호의 기회다.

리더로서 '제대로 듣기' 위해서는 다음과 같은 점들을 늘 염두에 두어야 한다.

첫째, 온 힘을 다해 귀를 기울여라.

잘 듣는 것의 첫 걸음은 상대방이 무슨 말을 하는지를 정확히 이해하는 것이다.

행여 이해가 되지 않는 부분이 있으면 여러 번 질문함으로써 피드백 과정이 활성화되도록 열을 가해야 한다. 듣고, 이해하고,

되묻고, 더 자세한 대답을 듣는 과정을 통해 리더로서 미처 생각하지 못했던 부분이나 간과하고 지나쳤던 사항에 대해 바로잡을 수 있고 올바르게 이해할 수 있다.

둘째, 반대의견에 감사하라.

반대의견이나 비판의견을 듣는 것은 누구나 쉽지 않다. 최선을 다했는데 누군가가 비판할 때, 노력을 했는데 그 노력의 과정과 의도와 상관없이 다른 이들이 비난하는 목소리를 높일 때, 누구나 처음에는 불쾌할 수 있고 듣기 싫을 수 있다.

평소에 서로 우호적인 관계에 있던 사람들이 비판할 때는 그런대로 참을 수 있을지 모르지만, 우호적이지 않은 사람, 깊은 신뢰관계에 있지 않은 사람, 별로 호감이 없는 사람으로부터 반대나 비판의 말을 듣는다면 그 사람에 대한 부정적인 감정 때문에 그 사람이 하는 말의 내용도 제대로 받아들이지 못하기도 한다.

특히 나이가 많거나 경험이 많은 리더는 나이가 어린 후배, 경력이 자기보다 적은 사람, 경험이 많지 않아 보이는 사람으로부터 반대의견을 듣는 것을 견디지 못하는 경우가 많다. 나이에 의한 위계질서를 중시하는 우리나라의 경우 더더욱 그렇다.

그러나 리더의 격이 올라간다는 것은 모든 부정적인 반대의견을 듣는 것에 대해 면역력이 올라간다는 뜻이기도 하다. 격 있는 리더일수록 싫은 사람, 비우호적인 사람, 반대편의 사람, 어린 사람, 무시하고 싶은 사람에게서 오히려 많은 것을 배울 수 있다는 것을 알고 있을 것이다. 아무리 호감이 가지 않는 사람이라 할지라도 분명히 어떤 형태로든 도움이 될 수 있다.

그러므로 누군가가 듣기 싫은 소리를 하거나 당장 납득할 수 없는 뜻밖의 의견을 내놓는다고 해서 무조건 귀를 닫고 무시할 것이 아니라, 상대방의 말이나 의견 속에 들어 있는 핵심적인 의미를 집어내려고 노력할 필요가 있다.

나아가 그러한 반대자들에게 오히려 감사의 마음을 가져야 한다. 입장을 바꿔 생각해보면, 리더에게 반대의견을 내놓는다는 것은 그 사람에게는 매우 어렵고 망설여지는 일이었을 수도 있다. 그러한 어려움을 무릅쓰고 뭔가 다른 의견을 피력했다는 것은 그 자체로도 인정할 만하고 감사를 표할 만한 일이다.

싫은 소리에 더 귀 기울이고, 반대하는 사람에게 더 고마워하라. 그런 이야기들이 결국에는 리더와 리더가 이끄는 조직 전체의 발전에 도움이 될 것이다.

셋째, 전문가에게 도움을 청하라.

리더의 역할이라는 것이 그저 새롭고 색다른 의견을 경청하고 받아들이는 데서 끝난다면 아무런 의미가 없을 것이다.

격 있는 리더는 그 다음을 실행해야 한다. 개선방법을 찾고, 다양한 새로운 아이디어들을 모으고, 이전에 하지 않았던 새롭고 혁신적인 방안을 추진하고, 그것이 실제로 진행될 수 있도록 박차를 가하는 것이 리더의 진짜 역할이다.

그리고 이 모든 과정에 있어서 그 분야 최고의 전문가를 적극 활용하는 것이 중요하다. 전문가란 외부에 있을 수도 있고 내부에 있을 수도 있다. 평소 잘 아는 사람일 수도 있고, 전혀 생각지 못했던 사람일 수도 있다. 가장 말단에 있던 눈에 띄지 않는 구성원에게서 의외의 능력을 발견할 수도 있고, 외부 인사를 영입할 수도 있다. 이 과정 속에서 더 많은 소통과 피드백이 일어날 때 발전에 가속도가 붙을 것이다.

존중하지 않는다

리더의 공감능력이 중요한 이유

현대의 이상적인 리더는 명령을 하달하고 통솔하고 지시하는 리더가 아니라 사고가 유연하고 공감과 경청에 능한 리더다. 마음이 열려 있고 직관력이 발달해 있으며 이성과 감성이 균형을 이루고 있는 사람이다. 특히 다른 사람을 이해하는 공감능력은 격 있는 리더에게 가장 필요한 요소라 할 수 있다.

공감능력과 직관력, 감성이 고루 발달한 사람을 일컬어 '감성지능'이 높다고 하는데, 미국 역사상 처음이자 마지막 4선 대통령이었던 프랭클린 루스벨트 대통령은 감성지능이 높고 소통에 능한 리더로 일컬어진다. 그가 대통령에 취임했던 1933년은 미국 역사상 최악의 경제 불황을 겪고 있던 어려운 시기였다. 이때 취임 직후 미국 국민의 단결을 호소하고 경제난 타개를 위한 '뉴딜 정책'을 설명하기 위해 루스벨트 대통령이 택한 방법은 라디오를 통한 대국민 연설이었다.

그러나 루스벨트 대통령의 라디오 연설은 딱딱하고 일방적인 담화문 낭독이 아니었다. "좋은 밤입니다, 친구 여러분들(Good evening, friends)."라는 인사말로 포문을 연 후 마치 친밀하게 이야기를 나누듯이 새로운 경제정책을 자세하게 설명했다.

"경제 시스템 개혁에 있어 금보다 더 중요한 것은 우리 자신에 대한 믿음입니다. 믿음과 용기는 계획을 실행하는 데 결정적인 요소입니다. (중략) 친구들이여! 경제 위기를 극복하는 것은 우리 모두의 문제입니다. 함께하는 한 우리는 실패하지 않을 것입니다."

라디오에서 전달되는 그의 목소리에는 다정함과 진심, 확신이 담겨 있었다. 그리고 그가 라디오 연설에서 국민에게 했던 약속들은 그 후 그대로 실행에 옮겨졌다. 일자리 제공을 위한 공공사업, 노동자 처우 개선, 연금과 보험 정책, 사회보장제도 개혁 등이 모두 약속대로 이뤄졌고, 루스벨트 대통령에 대한 지지도는 날이 갈수록 올라갔다.

그가 라디오를 통해 했던 대국민 연설을 사람들은 대통령의 담화문이 아니라 '난롯가에서 나누는 정다운 이야기'라고 비유했다. 정치가로서, 대통령으로서, 한 나라의 리더로서 권위주의를 가지고 정책을 설명하고 지시한 것이 아니라 마치 친한 친구들끼리 어깨를 맞대고 진지하고 호소력 있게 이야기한 것 같았다는 뜻이다.

　루스벨트 대통령은 미국의 경제공황 극복에 결정적인 역할을 하고 국민을 통합시킨 대통령으로 평가받는다. 그리고 국민에 대한 절대적인 존중을 바탕으로 늘 소통과 공감을 위해 노력한 지도자로 미국인들에게 기억되고 있다.

존중하지 않으면 존중받지 못한다

　　　　　　　　　　　　과연 우리에게는 '난롯가에서 정담을 나누듯이' 진심을 다해 공감과 소통을 호소하며 약속을 실천하고 모든 사람을 사람으로 존중하는 리더가 있는가? 그리고 우리는 그런 리더가 될 준비가 되어 있는가?

　사람은 자신과 관계를 맺는 모든 사람에게 존중받기를 원한다. 또한 리더가 구성원의 존재 가치를 알아주고 한 인간으로서 존중해주기를 늘 바라게 마련이다.

　그러므로 구성원을 존중하지 않는 리더, 팔로어들의 존재 가치를 있는 그대로 인정하지 않는 리더는 아무리 자신의 업적을 세우기 위해 노력한다 한들 사람의 마음을 움직이기는 어렵다.

　사람의 마음을 움직이지 못한다는 것은 결국 '아무도 따르지 않는' 리더가 되어 홀로 고립된다는 뜻이다.

왜 많은 리더들이 리더로서 존중받지 못할까?

그것은 사람과의 관계 형성에 있어서 폐쇄적이고, 편견을 버리지 못하고, 다른 입장을 이해하려 하지 않기 때문이다. 리더의 지위 자체에 대한 특권의식을 갖고 있고, '나는 너희와 다르다' 라는 차별적인 사고방식을 갖고 있기 때문이다.

존중한다는 것은 상대방을 있는 그대로 받아들이고 다양성과 차이를 이해하며 먼저 다가가기 위해 노력한다는 뜻이다. 구성원들의 무조건적인 이해와 복종을 바라기 전에 리더가 먼저 구성원에게 다가가 대화하려 하고 소통하려는 몸짓을 보여야 한다. 리더가 물심양면으로 이러한 노력을 보일 때 사람들은 비로소 존중받는다고 느낀다.

누구나 생각이 다르고 환경이 다르고 입장이 다를 수 있다. 그러나 리더의 위치에 있는 사람이라면, 나아가 리더로서의 격을 높이고자 한다면, 언뜻 이해가 되지 않는 다양한 입장의 사람들조차도 최선을 다해 이해하려 하고 존중하려는 진심 어린 노력이 필수적이다.

3장

한국인의
잘못된 리더십
짚어보기

전근대적 제왕 리더십

민주주의 이전의 리더십 형태

제왕 리더십이란 특정 리더 한 사람에게 절대적인 권력과 힘이 집중되어 있는 리더십을 뜻한다.

이러한 리더십은 흔히 '리더십'이라고 했을 때 사람들이 누구나 가장 먼저 머릿속에서 떠올리게 되는 고전적 혹은 전통적인 카리스마적 리더십과 비슷한 의미다. 즉 한 사람의 능력이나 카리스마에 그 조직이나 집단의 성과와 운명이 좌지우지되는 경향이 강하다. 그리고 한 명의 리더를 제외한 나머지 구성원들은 리더의 추종자나 보필자로서 리더를 따르고 돕는 형태가 된다.

이러한 리더십은 현대 민주주의 사회에도 물론 존재하지만, 그 근원을 살펴보면 한 나라를 왕이 통치하던 시대의 제왕적인 리더십에 더 가깝다고 할 수 있다.

우리나라는 과거 일제 강점기와 분단 이후 형성된 민주주의의 역사가 유럽, 미국 등 서구권 국가들에 비해 매우 짧은 편이다. 그래서 표방하는 국가시스템 자체는 민주주의 국가이지만 사회 곳곳을, 그리고 사람들 머릿속의 사고를 지배하고 있는 리더십의 형태는 실질적으로는 근대의 제왕 스타일의 리더십에 가까운 경우가 많다. 이는 과거 군사독재 시절 대통령이 사법부·입법부를 통틀어 국가 전반의 행정 체제와 정책 추진에 있어 매우 강력한 영향력을 끼쳤던 것을 떠올리면 쉽게 이해할 수 있을 것이다. 이것은 마치 왕조 시대 때 한 나라의 왕이나 황제를 하늘의 선택을 받은 유일무이하고 절대적인 존재로서 신적으로 떠받들던 모습과도 비슷한 면이 있다.

민주주의 국가에서 제왕적 리더가 존재한다는 것은 매우 모순적으로 보이지만, 실제로 반 세기 넘도록 한국사회 전반을 주도적으로 지배해온 정치·경제 분야의 리더십의 형태는 이러한 절대적인 제왕 리더십에 가까웠다는 것이 전문가들의 일반적인 견해다.

리더십은 위험한 칼인가?

한국 사회에서는 흔히 '목소리 큰 사람이 이긴다' 라는 말이 통용된다.

겉으로 보기에 힘이 강하고, 세력이 크고, 분위기를 주도하는 한 사람 혹은 소수에게 힘을 실어주는 분위기가 아직까지 만연해 있다. 목소리가 작고, 조용하고, 배려하고, 사려 깊은 사람의 의견이나 목소리는 무시되거나 인정받지 못하는 것이다.

훌륭한 리더에 대한 인식도 마찬가지다. 외향적이고, 강력하고, 사람들을 벌벌 떨게 만들고, 강한 힘을 휘두르고, 큰 목소리를 내는 리더를 두려워하며 그러한 리더가 절대적인 권력을 휘두르는 것을 묵인하거나 당연시하는 경향이 지금까지 존재해왔다.

그러다 보니 다양한 의견이나 반대 목소리를 용납하지 않는 지배세력에 의해 약자의 목소리는 억눌러지거나 은폐되어도 상관없는 사회 분위기가 만들어졌다. 심지어 지배세력이나 강한 자가 불합리한 폭력을 휘두르거나 비리를 저질러도 약자들은 무력하게 당할 수밖에 없는 경우가 많았다.

우리나라 사람들이 떠올리는 리더가 주로 카리스마적인 리더, 절대적인 강한 힘과 목소리를 가진 제왕 스타일의 리더인 이유는 이러한 사회 분위기와 무관하지 않을 것이다.

제왕 리더십의 득세는 정치 분야만이 아니라 경제 분야에서도 볼 수 있다. 한 사람의 재벌 총수가 그 기업의 운명을 지배하고 그 강력한 힘을 혈연적으로 세습하는 형태는 제왕 스타일의 리더십에 크게 의존하고 있기 때문이다.

이와 같은 리더십에서는 리더 한 사람에게 절대적인 힘과 권력과 결정권이 집중되어 있다. 그리고 다른 사람들은 웬만해서는 리더의 자리에 오르기가 어렵다.

세습이나 연줄에 의해 권력이 공유되기 때문에, 순수하게 그 사람 자체의 실력이나 자질, 능력만 가지고는 아무리 노력해도 리더가 될 수 없다. 만약 훌륭한 능력을 가진 사람이 있다면 그 사람은 리더가 될 가능성보다는 리더를 보필하거나 리더에 의해 이용되는 도구가 될 가능성이 더 높은 것이다.

건강한 사회 발전을 저해하는 요소

카리스마적인 리더십이 그 자체로 악한 것은 아니다. 리더가 강력한 힘을 가지는 카리스마적 리더십 혹은 제왕 리더십은 위기에 처한 국가나 조직이 난관을 헤쳐나갈 때 매우 효과적인 추진력을 갖게 할 수 있고 구성원의 단합을 유도할 수 있는 장점이 있다. 그러나 이러한 시스템이 장기화되고 변질되면 매우 위험해질 수 있다. 리더에게 절대적인 힘이 집중되어 있으면, 아무리 새롭고 발전적인 의견이 나와도 수용되지 못하고 결국에는 리더의 한 마디에 모든 것이 결정될 가능성이 높다.

원칙과 법규에 의해 투명하고 정당하게 결정되는 것이 아니라 리더 개인의 사고방식, 가치관, 권력욕, 야망이 모든 것을 힘으로 제압할 수 있기 때문이다. 이러한 특성은 독재체제를 만들고 정경유착이나 각종 비리, 부정, 계급주의, 권위주의를 만드는 온상이 된다. 힘을 가진 정치세력이 사회를 지배하는 나라에서는 언론도 정직한 목소리를 높이는 것이 아니라 오히려 부정과 비리를 옹호하는 역할을 하게 된다.

제왕 리더십이 지배하는 사회에서는 국민이 국가에 대한 신뢰를 갖지 못하고, 조직 구성원이 리더를 믿지 못한다. 약자가 강자에게 빌붙어야만 살아남을 수 있고, 조직에서는 합리적이고 자발적인 의지에 의해서가 아니라 소위 '윗사람'의 눈치를 잘 보는 능력에 의해 생존해야 하며, 개성과 창의력은 될 수 있으면 감춰야 한다. 새로운 의견이나 반대의견이 있다 하더라도 드러내지 않는 것이 안전하기 때문에 사회나 조직의 발전을 위해 아무도 나서려 하지 않는다. 이러한 분위기 속에서 진정한 민주주의와 창조적 마인드는 싹트기 어렵다. 현대 민주주의 사회에 필요한 리더십은 포용과 이해, 그리고 약자 존중의 리더십이다. 강자가 약자를 포용하지 않고, 지배자가 반대 세력의 목소리를 허용하지 않는 제왕 리더십은 전근대적 독재 체제와 권위주의적 사회를 영속시키는 주된 역할을 할 것이다. 결국 제왕 리더십은 그 사회의 건강한 발전을 정체시키고 병들게 하는 원인이 될 수 있다.

지위를 남용하는 안하무인 리더십

관등성명을 요구하는 이유

"당신 말이야, 내가 누군지 알아?"
"내가 누구인 줄 알고 감히…."
"내가 말 한마디만 하면 어떻게 되는 줄 알아?"

우리는 위와 같은 말을 한 번쯤 접해본 적이 있을 것이다. 강한 힘과 권력을 가진 사람이 그렇지 못한 사람을 대할 때 자신의 '지위', 즉 권력의 타이틀 자체를 내세우며 상대방보다 우위에 있음을 강조하려 할 때 위와 같은 말들을 하게 된다. 그리고 이러한 안하무인의 태도를 접하는 것이 우리 사회에서는 그리 드문 일이 아니다.

예전에 119에 전화를 걸어 소방공무원의 관등성명을 요구한 한 정치인의 일화가 널리 회자되었던 것처럼, 한국사회에서는 어떤 사람의 지위 자체가 곧 리더의 힘이자 권위를 부여한다는 잘못된 인식이 널리 퍼져 있다. 높은 지위를 가진 사람은 다른 사람들과는 다른 대우를 받는 것이 당연하고, 소위 '아랫사람'에게 업무나 상황과 상관없이 일방적으로 관등성명을 요구해도 된다는 것이다.

이것은 '지위=리더십', '지위=힘', '지위=권위'라는 착각에서 기인한 것이다. 사람 자체보다는 명함에 새겨져 있는 직위가 무엇인지를 먼저 확인하고, 그러한 직위나 지위를 차지하고 있는 사람은 권력을 휘둘러도 된다고 생각한다.

요즘에는 '지위=재산, 돈'으로도 여겨지기 때문에, 지위 고하 여부를 떠나서 '돈을 많이 가진 사람'이 소위 '갑질'이라고 하는 안하무인의 태도를 노골적으로 드러내는 경우도 많다. '재벌'이라고 불리는 사람들 또한 자신의 인간적 가치를 자신의 지위와 동급인 것으로 여기며 다른 사람들을 '하인' 취급하는 사례가 적지 않다. 이러한 사례들은 이미 사회 곳곳에 공공연히 만연되어 있기도 하지만, 때로는 대중에게 드러나며 사회적인 공분을 사기도 한다.

한국사회는 한 사람의 '지위' 자체에 절대적인 의미를 부여하는 풍토를 가지고 있다. 지위에 새로운 의미를 부여하고 지위에 맞는 사람으로 돌변하는 것은 모든 인간의 공통적인 심리적 속성이기는 하지만, 리더의 역량과 업적보다는 오로지 지위 자체만을 중시하는 리더십 관념이 한국사회에서 강력한 영향력을 발휘해 왔던 것만은 사실이다.

예를 들어 선거 전에는 모든 약속을 지키겠다고 하며 희생을 불사할 것처럼 부르짖던 정치인 후보가, 막상 당선되고 그 지위를 차지하고 나서는 권위주의적 권력자로 돌변하는 것을 우리는 그동안 익숙하게 접해왔다. 이 역시 '리더십=지위=권력'이라는 공공연한 공식 때문이다.

리더십은 지위에서 오는 것이 아니다

역할을 제대로 수행하느냐가 그 사람을 규정하는 것이 아니라, 그 지위를 차지한 것만으로도 힘 있는 '리더'가 된 것처럼 여기는 것이다. 지위가 부여하는 힘에 의존하다 보니, 다른 사람들을 함부로 대하거나 일방적인 복종을 강요하거나 힘을 남용하거나 때로는 사회적 물의를 일으키는 것도 두려워하지 않는다.

사람들은 그러한 리더를 겉으로는 따르기는 하지만 그것은 그 사람의 역량을 신뢰하고 인간성에 호감을 가져서가 아니라, 당장에 자신의 안전을 위해 겉으로 나서지 않는 것뿐이다. 이처럼 다른 사람들에게 신뢰감을 주지 못하는 리더는, 현재의 지위에서 물러나자마자 사람들에서 잊혀지거나 경멸당하게 된다.

지위 자체에서 유래한 권력은 겉보기에는 절대적인 힘이 있는 것 같지만 사실은 아무런 영향력을 발휘하지 못한다. 실질적인 영향력이 없다는 것을 자타가 무의식적이든 의식적이든 알고 있기 때문에 그 리더는 더더욱 힘을 강조하며 추종자들의 복종과 순종을 요구한다.

반면 지위와 상관없이 실력과 역량, 존중의 마인드에서 우러나오는 리더십은 팔로어들이 마음으로 따르게 만들고 그 리더가 추구하는 바에 적극적으로 참여하게 만든다. 그것은 지위의 힘이 아니라 사람의 힘이다.

순수한 마음과 의지력을 갖고 있던 사람이 막상 어떤 지위를 차지하고 나자 '사람이 변했다'라는 말을 듣는 경우도 있다. 그러나 두고두고 진정한 리더로 기억되는 사람은 그 사람이 어떤 지위에 있었느냐가 아니라 그 사람이 어떤 인격을 가진 사람이었고 어떤 일들을 했는지에 의해 기억된다. 리더의 역량은 지위가 아닌 지속적인 영향력에 의해 좌우된다.

모든 일에 참견하는 간섭형 리더십

리더는 슈퍼맨인가?

　원칙적으로 리더는 다른 사람들을 '리드하는' 사람이다. 사람들을 리드하여 그 조직의 발전을 위해 이끌고 나가기 위해서는 다양한 역할과 능력이 요구된다. 리더는 사람들의 의견을 통합하여 가장 좋은 아이디어를 선택할 수 있어야 하고, 조직 내의 갈등을 조정하여 화합과 단결을 도모할 수도 있어야 한다.

　그러나 아무리 리더가 남다른 능력을 발휘해야 한다 할지라도, 그것은 리더가 모든 일을 다 해야 한다는 뜻은 아니다. 리더는 그 조직에서 어떤 일이 벌어지고 있는지 늘 눈과 귀를 열고 있어야 하겠지만, 그렇다고 해서 하나부터 열까지 전부 관여하고 담당해야 하는 것은 아니다.

이것은 리더에 대한 흔한 오해 중의 하나다. 특히 한국사회의 리더들 중에는 아랫사람이나 구성원들의 일거수일투족을 살피며 업무의 사소한 부분까지 관여하고 참견하고 사사건건 지적하는 것이 리더의 역할인 것으로 오해하는 경우가 적지 않다.

이처럼 리더가 모든 일에 참견하고 간섭하는 원인은 크게 두 가지이다.

첫째, '리더가 매사에 만능이어야 한다' 라는 일종의 '슈퍼맨 증후군', 혹은 완벽주의 강박에 빠져 있기 때문이다.

사장의 할 일과 사원의 할 일이 다르듯이, 리더의 역할과 팔로어의 역할은 효율적으로 분담되어야 한다. 그러나 리더가 이를 구분하지 못하고 정작 자신이 해야 할 큰 역할을 제쳐놓은 채 구성원이나 아랫사람이 할 일을 일일이 참견하다 보면 어느 부분에서든 작은 실수를 저지르게 마련이다. 그리고 그러한 실수는 리더 자신의 강박관념을 더욱 부추긴다.

둘째, 구성원을 신뢰하지 못하는 불신형 리더십, 불통형 리더십을 가지고 있기 때문이다.

이러한 리더는 사소한 일도 하나에서부터 열까지 자신이 직접 관여하고 챙겨야만 마음이 놓이고 직성이 풀린다. '너는 나만큼

하지 못할 것이다', '아랫사람들은 나만큼 잘 알지 못할 것이다' 라는 불신감을 기본적으로 갖고 있기 때문에, 아무리 구성원들이 열심히 하더라도 성에 차지 않거나 뭔가 불완전하다고 느낀다.

이러한 리더 밑에 있는 사람들은 자기 역량을 최대한 발휘해도 리더에게 인정받지 못하는 경험을 하게 된다. 때로는 지적받지 않아도 될 부분에서까지 단점을 지적당하여 심리적으로 위축되게 마련이다.

결국 그러한 조직에서는 구성원의 발전이 있을 수 없으며, 그 결과 리더는 '믿을 만한 사람이 없다, 실력 있는 사람이 없다'라는 착각과 불신의 악순환에 빠지게 된다.

참견하지 않는 합리적인 리더가 되려면?

루스벨트 대통령은 "훌륭한 리더는 할 일을 안심하고 맡길 수 있는 유능한 인재를 골라내는 안목이 있는 사람이다. 그리고 그들이 일하는 동안 참견하지 않을 만큼의 자제력을 가진 사람이다"라고 말했다.

루스벨트가 말한 '인재를 고르는 능력'과 '자제력'은 우리 사회에 부족한 리더의 격을 높이기 위한 매우 핵심 요소다.

능력 있는 구성원을 선발하고 키워내는 것도 리더의 역량이지만, 그 구성원이 자기 역량을 발휘할 수 있을 때까지 인내심을 가지고 기다리는 것 또한 훌륭한 리더가 반드시 갖춰야 할 덕목이다. 만약 구성원이 하는 일이 못마땅하거나 믿음이 가지 않는다면 그 사람에게 처음부터 그 일을 맡기지 말아야 한다. 만약 그 일을 맡겼다면 그 사람이 그 일을 해낼 수 있으리라고 믿었기 때문이다. 행여 그 사람이 아직 미숙하거나 부족해 보일지라도, 자신의 역량을 제대로 발휘할 수 있도록 환경을 조성해주고 시간을 줄 수 있어야 한다.

리더는 '믿어주고, 방해하지 않고, 참견하지 않는' 진득한 태도가 필요하다. 참견하지 않는 합리적인 리더가 되기 위해서는 다음의 사항들을 기억해야 한다.

1. 시간을 주고 기다리기

사람은 누구나 처음부터 100퍼센트의 역량을 발휘하기 어렵다. 개개인이 가진 역량을 끌어내려면 시간과 경험과 기회가 필요하다. 리더는 구성원들에게 적절한 자극을 주고 환경을 조성해 충분히 발전할 때까지 기다려야 한다.

2. 도전할 기회주기

리더는 때로 구성원들이 도전적인 과제를 두려움 없이 시도할 수 있는 기회를 주어야 한다. 지나치게 안전하고 평이한 업무만 반복하다 보면 개개인의 잠재력을 발견할 수 있는 기회 자체가 없어진다. 발전하는 조직이란 그 조직의 구성원들이 지속적으로 발전하고 배우고 성장하는 조직이다.

3. 참견하지 않기

미주알고주알 간섭하고, 사사건건 참견하고, 꼬치꼬치 캐묻고, 감시하고, 사소한 것까지 체크하고, 주변에서 서성거리며 신경 쓰이게 하는 리더는 어떠한 조직에서도 가장 쓸모없는 리더라 할 수 있다. 참견하고 따지고 감시하는 리더가 이끄는 조직은 리더가 구성원을 믿지 못하는 만큼 구성원들도 그 리더를 믿지 못한다.

4. 채택하기

훌륭한 리더는 자신의 의견만 주장하는 것이 아니라 구성원들의 아이디어나 의견을 수렴하고 그 중 쓸모 있는 의견들을 채택하고 활용한다. 이것은 구성원 모두에게 동기부여를 하는 강력한 힘이 되며, 리더가 구성원들을 신뢰하며 발전에 동참하게 만들어준다는 뜻이다.

5. 성과 인정하기

 구성원들의 새로운 아이디어나 의견을 활용한 후에 그 의견을 낸 구성원을 인정하고 보상하지 않는다면, 그 구성원은 이용당하고 버려졌다는 배신감만 느낄 것이다. 구성원들의 동참을 촉구하는 것만큼 중요한 것은 성과에 대해 공식적으로 인정하고 실질적인 보상을 하는 것이다. 이는 조직에 신뢰감을 조성할 수 있는 리더의 중요한 역할이다.

지킬 것을 지키지 않는 무원칙 리더십

지킬 것이 지켜지는 사회란?

영국 역사상 가장 강력하고 영향력 있는 리더로 꼽히는 처칠 수상에게는 리더십과 관련한 다양한 일화들이 전해진다. 그중에는 지금의 한국 사회에서 일어날 수 있으리라고 쉽게 상상하기 어려운 이야기들도 있다. 한번은 처칠을 모시는 운전기사가 운전 중 속도위반을 했다. 급하게 국회에 가던 길이었기 때문에 운전기사는 교통경찰에게 "처칠 수상이 탄 차이니 한 번만 봐 달라"라고 양해를 구했다.

그러나 그 교통경찰은 차 안의 처칠 수상을 들여다보고도 원칙대로 자기 일을 수행했다. 그는 "처칠 수상이 속도위반을 했을 리는 없으니 운전기사인 당신은 거짓말을 한 것이고 어쨌든 면허증을 내놓으라"라고 말했다.

흔들리지 않고 정직하게 자신의 임무를 수행하는 일개 교통경찰의 모습에 처칠은 깊은 감동을 받았다. 그래서 그날 경시청에 연락을 하여 그 교통경찰을 승진시키라고 말했는데, 경시청 총장은 수상의 명령에 따르지 않았다. 경찰 관련법에 이에 해당되는 조항이 없으니 원칙에 의거해 수상의 이례적인 명령을 따를 수 없다고 한 것이다. 처칠은 "오늘 경찰에게 두 번이나 당했다"라고 하면서도 기분 좋게 웃을 수 있었다고 한다.

사회의 각 구성원들이 자신의 자리에서 그 자리가 고수해야 하는 원칙을 무슨 일이 있어도 지켜낸다는 것은 지금의 한국인의 시각에서 보기에는 다소 융통성이 없고 답답하게 느껴질지도 모른다. 그러나 위와 같은 일화가 비현실적이고 답답하게 느껴진다면 그것은 그만큼 한국사회가 '원칙을 지키지 않아도 되는' 혹은 '원칙을 지키지 않는 것이 오히려 더 당연한' 사고방식과 관행에 전반적으로 물들어 있기 때문이다.

이제는 '안되는 것은 절대로 안되는' 사회, 원칙이 살아있는 사회가 되어야 한다.

원칙 없는 리더는 불신사회를 만든다

'안 되는 것도 되게 하라'라는 말은 한국 사회의 자화상을 상징하는 말 중 하나다. '안 되는 것은 안 되는 것'이 아니라, 수단 방법을 가리지 말고 무조건 명령을 따르고 결과를 만들어 '되게끔' 해야 한다는 권력 절대주의와 권위주의가 적지 않은 세월 동안 우리 사회를 지배해왔다.

과정이 아닌 결과만을 중시하고, 원칙이 아닌 원칙의 변형을 강조하는 사회에서는 법과 원칙은 쉽게 무시된다. 도덕을 지키지 않아도 양심의 가책을 느끼지 말아야 한다고 강요받으며, 인간으로서의 기본적인 양심의 목소리를 듣는 것보다는 들리지 않는 척하는 것이 생존의 필수 요건이 되어버린다.

그 결과 정치인들은 거짓말을 일삼고 한 번 한 약속은 마치 없었던 것처럼 잊어버리며, 힘을 가진 사람들은 더 많은 힘을 가진 사람에게 잘 보이기 위해 편법을 쓰는 것이 당연시된다. 권력이 오가는 과정에서 뇌물이나 청탁, 사기가 만연하는 사회가 되기까지는 과정의 투명성이 아닌 목적과 결과만을 위해 모든 것을 희생해야 한다는 사고방식이 기본적으로 깔려 있었다고 할 수 있다. 사회지도층이 원칙을 지키지 않고, 리더가 원칙을 지키지 않는 사회는 전반적으로 도덕불감증에 빠지게 된다. 도덕과 윤리, 양심과 원칙에 대해 눈을 감는 사회는 서로가 서로를 신뢰하지 않는 불신 사회와도 같다.

전문가들은 한국사회의 이러한 특성에 대해 과거 빈곤에서 탈출하여 개발도상국이 되어가는 과정에서 속도와 무원칙이 강조되었기 때문이라고 설명한다.

그 결과, 목적을 위해서는 과정이 어떻든 상관없고, 발전을 위해 소수나 약자는 희생되어도 되며, 물질적 가치를 달성하기 위해 정신적 가치는 간과되어도 된다는 사고방식이 우리 사회 전체를 지배했던 것이다. 원칙을 그대로 지키려 하기보다는 원칙을 변형시켜 적용하거나 아예 무시하고, 실질적인 법과 상관없이 별개의 법을 자의적으로 만들어 적용하기도 한다. 원칙은 무시되고, 원칙의 틈새를 노리거나 법망을 교묘하게 피하는 행동을 하는 것도 개의치 않는다. 법을 사수해야 할 법조계에서 오히려 비리와 부패사건이 끊임없이 발생하고·정치·경제·법조계 리더들이 상호 결탁하여 법망을 초월하는 절대적인 권력을 차지한다.

처칠 수상의 일화에서처럼 교통경찰이 자신의 원칙을 고수하는 것이 미담이 되는 것이 아니라 어리석은 것이 된다면, 그 사회를 건강하다고 하기는 어려울 것이다. '원칙을 원칙으로 여기지' 않는 사회는 진정한 민주주의 사회라 할 수 없으며, 개인의 가치와 존재를 중시하는 21세기의 시대상과도 거리가 멀다.

리더의 '원칙 불감증'을 경계하라

소위 '원칙 불감증'에 빠진 리더란 구체적으로 다음과 같은 리더를 일컫는다.

- 출세와 권력만을 지향하는 리더
- 아랫사람이나 구성원을 도구처럼 이용하고 버리는 리더
- 이윤만을 추구하는 리더
- 목적을 위해 원칙과 법을 어기는 것을 당연하게 여기는 리더
- 상황을 자신에게 유리하게 하기 위해 원칙을 그때마다 적당히 수정하는 리더
- 진실을 은폐하는 리더
- 법을 악용하거나 법의 허점을 교묘하게 이용하는 리더
- 정보를 투명하게 공개하지 않고 필요한 부분만 공개하는 리더
- 원칙 위에 권력이 있다고 믿는 리더
- 편법의 효과를 믿는 리더

사회의 리더들이 '무원칙주의'에 젖어 있는 사회는 본래적 의미의 법치국가라고 하기는 어렵다. 한국 사회가 한 단계 높게 더 발전하기 위해서는 리더의 마인드 자체가 변화해야 할 것이다. 목적이 아닌 과정을 중시하고, 원칙이 원칙 그대로 사수되며, 성과보다는 양심과 도덕이 우선시되는 리더십 개념이 이제는 실천되어야 할 때다.

공포를 조장하는 조폭 리더십

한국 사회에 익숙한 '조폭' 문화

《군주론》을 쓴 마키아벨리는 국민에게 두려움을 느끼게 하는 강력한 군주의 필요성을 주장했다. 그러나 이러한 개념의 군주는 현대사회에는 적합하지 않은 것으로 판명이 났다. 마키아벨리가 주장한 군주는 국민을 통치를 위한 도구로 보는 사고방식을 갖고 있는 존재인데 이는 현대 민주주의 사회와는 맞지 않기 때문이다.

공포와 두려움을 조장하는 강력하고 지배적인 리더의 모습이 현대로 들어서면서 자연스럽게 구현된 것이 바로 이탈리아의 마피아, 미국의 갱단, 그리고 우리나라 식으로 표현하면 '조직폭력배(조폭)' 문화다. 실제로 이탈리아의 마피아들이 권력을 지속하기 위한 철학으로 가장 신봉하는 것이 바로 마키아벨리의《군주론》이라고 한다.

그런데 한국인들은 이러한 '조폭' 문화에 놀랍도록 친숙하다. 대중문화, 특히 상업적인 영화에서 가장 빈번하게 등장하는 인물과 배경이 다름 아닌 조직폭력배 혹은 조폭문화를 묘사한 장면인 것만 보아도 알 수 있다.

대중문화에서 '충성' 과 '의리' 로 그려지는 폭력배들의 모습은 일반인에게 권력 행사에 대한 왜곡된 판타지를 심어줄 위험이 높다. 공포와 두려움을 주는 '조폭 두목' 의 리더십을 은연중에 '멋진' 것으로 인식하게 하고, 힘을 쟁취하기 위해 폭력을 쓰는 것을 정당화하고, 그런 과정에서 희생자가 되는 것 또한 어쩔 수 없는 일인 것처럼 여기게 만든다.

이러한 '조폭 영화' 만이 아니더라도.한국인들은 폭력을 정당화화는 문화와 공포를 조성하는 리더십을 일상생활에서 흔히 접하며 살아왔다.

왜 한국 사회에서는 이러한 공포정치, 공포 리더십이 만연되었을까?

공포를 활용하는 리더십의 결정적 한계

우리 사회 곳곳에 스며들어 있는 공포주의 리더십에는 한국 현대사의 특성이 그 배경에

깔려 있다.

과거 군사정권 하에서 자행되었던 공포정치, 국민에 대한 탄압과 인권유린이 일상화되었던 문화, 전체를 위해 개인은 희생하고 목소리를 죽여야 한다는 사고방식, '맞아야 정신을 차린다' 라고 가르쳤던 교육현장, 그리고 상명하복의 명령 하달과 복종만이 중시되던 군대문화에서는 무엇보다도 '공포의 리더십' 이 가장 중시되었다.

리더십과 조직문화에 대한 이러한 관념은 시대가 많이 바뀐 지금까지도 남아 있다. 그래서 지금도 상사의 눈치를 보는 직장문화라든가, 개인의 의사와 상관없이 무조건 참석을 강요하는 회식문화 같은 것들이 잔존해 있는 것이다.

공포와 두려움을 통해 사람들을 다스리는 리더십을 수행함에 있어 가장 필요한 것은 강력한 권력을 행사하는 통치기구다. 이러한 통치기구는 본래의 원칙에서 벗어나 오로지 권력을 정당화하기 위한 수단으로서만 존재하기 때문에 약자를 보호하고 개인의 권리를 존중하는 목적을 잃어버린다.

공포 리더십이 지배하는 조직이나 사회에서 리더는 매사에 비타협적이고, 다른 의견을 듣지 않으며, 구성원의 권리를 박탈하고, 사람들 각각의 독특한 개성을 말살하는 데 많은 노력을 쏟는다. 누군가 리더에게 반대한다면 그것은 곧 배신을 의미하며, 그 구성원은 도태되거나 축출된다.

그런 리더의 지배를 받는 구성원들은 본심을 숨기고 생존을 위해 안간힘을 써야만 한다. 권력자에게 아부해야 하고, 눈치를 보아야 하고, 두려움 앞에 굴복해야 하고, 맞지 않다고 생각되는 일도 명령에 따라 수행해야 한다.

따라서 공포 리더십은 필연적으로 구성원의 강력한 불신과 함께 반발과 반대파를 형성하게 된다. 약자가 희생되는 과정이 반복되는 가운데 공정하지 않은 경쟁구도가 형성되어 전체적인 시스템 자체가 비정상적이고 기형적인 구조가 되어간다.

이러한 불신과 부정의 에너지는 그 사회나 조직 전체를 정체시키고, 새로운 의견과 창의력이 싹틀 여지를 주지 않아 전반적인 쇠퇴와 후퇴가 가속화된다. 결국 공포 리더십이 지배하는 사회는 리더와 구성원들이 함께 몰락할 수밖에 없다. 단지 시간의 문제일 뿐, 인류의 모든 역사가 이를 증명하고 있다.

네 편 내 편을 가르는 집단주의 리더십

지역감정과 연줄을 강조하는 리더십

한국인의 가장 대표적인 특성이자 고질적인 문제로 꼽히는 사고방식 중 하나는 바로 '편 가르기'다. 편 가르기라 함은 어떤 사람을 볼 때 그 사람 개인의 능력, 개성, 자질, 실력을 있는 그대로 바라보고 인정하고 받아들이기보다는, 그 사람이 '어떤 집단에 속한 사람'인지를 먼저 파악하고 나서야 판단하려 하는 습관을 뜻한다. 문제는 이것이 리더십에도 그대로 나타난다는 점이다.

개인의 자유의지보다는 공동체, 가족, 파벌, 민족이라는 '집단' 전체의 뜻을 더 중시하는 집단주의적 사고는 조선시대 유교사상에서부터 그 뿌리를 찾을 수 있다고 하는 것이 전문가들의 일반적인 견해다. 그러나 지역의 경계가 무의미해지고 개인의 의지와 능력이 강조되며 하루가 다르게 글로벌화되는 오늘날에도 이 집단주의적 사고가 여전히 그 영향력을 발휘하게 되면서 다양한 병폐를 야기하고 있다는 것이다.

집단주의적 사고는 전 세계 어떠한 국가와 문화권에도 공통적으로 어느 정도는 존재한다. 인류는 '우리 편'의 생존을 위협하는 '적'을 판별하고 적의 공격을 막아내야만 살아남을 수 있다는 진화론적 본능을 가지고 있기 때문이다.

그러나 우리나라의 특유의 집단주의적 사고가 문제가 되는 것은 이것이 현대사회의 기본적인 원리인 민주주의와 자유주의, 그리고 합리적인 리더십까지도 방해할 정도로 과도한 악영향을 끼치고 있기 때문이다.

분열의 리더십이 만든 자화상

한국식 집단주의의 가장 대표적인 형태인 '지역감정'은 정치, 법, 사회 전반의 분열과 불합리를 조장하고 있다. 다음과 같은 표현을 떠올리면 더 쉽게 와 닿을 것이다.

"우리가 남이가?"
= (속뜻) '우리 편'이 아닌 사람들은 '남'이므로 우리끼리 뭉치고 우리 편

이 아닌 사람들은 무조건 배척해야 한다.

"팔은 안으로 굽는다."
= (속뜻) 합리적이고 객관적인 기준보다는 기왕이면 우리 지역 출신, 우리 학교 출신, 우리 고향 출신, 우리 집안 핏줄인 사람의 편을 들고 무조건 이익을 줄 것이다.

"누이 좋고 매부 좋고"
= (속뜻) '우리 편' 끼리 단합하여 '우리끼리만' 출세하고 성공하는 게 좋은 일이다.

'우리 편'인 사람에게 다른 잣대를 적용하는 예는 이 밖에도 한국 사회 구석구석에서 다양하게 찾을 수 있다.

같은 고향 사람을 편들기, 처음 만났을 때 어느 학교, 어느 지역 출신인지를 먼저 물어보기, 혈연·지연·학연으로 얽힌 사람에게 특권과 이익을 몰아주기, 불법이나 탈법이 저질러졌을 때 특정 '관계'로 연결된 사람의 잘못은 눈감아주기 등등, 이 모든 것들이 '우리 집단'인 사람에게는 관대하고, '우리 집단'이 아닌 사람에게는 불평등한 기준을 들이대는 예들이다.

편 가르기 식의 리더십이 지배하는 사회에서는 합리적이고 투명한 리더십이 제 힘을 발휘하지 못한다. 사람의 실력과 자질보다는 학연, 혈연, 지연이라는 관계성이 리더의 모든 가치 판단의 근거가 되어 원칙주의와 합리주의를 무너뜨린다.

그 결과 정치권에서는 비이성적 관계성에 기초한 인사 등용, 파벌 싸움, 정권의 이합집산이 이루어진다. 그리고 기업에서는 마치 왕조시대에 왕권이 핏줄에 의해 세습되는 것처럼 혈연에만 의존한 부의 집중과 세습, 비효율적 경영방식이 지속된다.

무엇보다도 한국의 지역감정은 이미 단순한 갈등을 넘어 쉽게 뿌리 뽑히지 않는 사회갈등의 근원으로 여겨지고 있다.

우리는 옳고 너희는 틀렸다

'우리 생각만 옳다, 우리 입장만 정당하다, 우리의 가치관만 존중받아야 한다, 우리 집단이 더 우월하다, 우리 지역이 최고다……'

이처럼 '우리'에 의존하는 사고방식은 진정한 민주주의의 발전을 저해하고 격 있는 리더십의 성장을 가로막는다. 이러한 사고방식이 리더들의 사고체계를 지배하고 있을 때, 그 사회는 정상적으로 가동되기 어렵다. 평등과 자유가 보장되어야 하는 민주주의 정신에 위배되는 선택들을 리더들이 하고 있다는 뜻이기 때문이다.

집단주의 사고에 의해 '우리 편'인 사람을 일방적으로 편애하고 그렇지 않은 사람들을 차별하는 것이 리더 입장에서 당장은 편안하고 편리할지도 모른다. 그러나 집단주의적 사고에 의한 리더십은 리더의 눈을 짙은 색안경 혹은 안대로 가린 것과 같은 역할을 한다. 그 결과 더 좋은 인재를 놓치고, 더 창의적인 방법을 보지 못하며, 더 효율적인 발전의 기회를 놓쳐버린다.

또한 '무조건 우리 편만 드는' 사람들로 이루어진 조직은 크든 작든 장기적으로는 발전하지 못한다. '우리 편' 이라는 사실 하나만으로 똘똘 뭉칠 수는 있으나 합리적인 비판이나 이견은 아무도 내놓지 않기 때문이다. 이러한 집단은 발전이 정체되는 것을 넘어 시간이 지남에 따라 깊은 곳부터 서서히 썩기 시작한다. 구성원들은 다 함께 발전하기 위해 노력하는 것이 아니라 '우리 편끼리' 의 안정과 자리보전에만 신경 쓴다.

편을 가르는 리더는 갈등을 조장한다

집단주의적 편 가르기 리더십이 지배하는 조직의 또 하나의 문제점은 시간이 갈수록 조직 내에 또 다른 파벌이나 이익집단 혹은 배신집단이 형성될 위험이 높다는 점이다.

아무리 '우리 편' 끼리 뭉친 집단이라 할지라도 그 안에서 더 큰 이익과 출세를 노린 소수 사람들끼리의 이해관계가 더욱 복잡하게 얽히게 된다. 그리고 그들끼리의 끈끈한 관계망이 다른 사람들을 소외시키고 평등한 기회를 박탈하며 합리적 결정방식 대신 이기적이고 왜곡된 결정방식을 택한다.

편 가르기와 소외, 이해관계의 역동이 복잡하게 가동되는 집단에서는 흔히 말하는 음모와 계략, 의심, 배신감이 싹튼다.

구성원들은 전체의 동반성장과 건강한 상호발전보다는 자신의 일신의 안전을 도모하기 위해 전전긍긍하느라 시간을 낭비한다. 아무도 소신 있는 발언을 하지 않으며, 특정 집단에 소속되지 못할까봐, 혹은 전체로부터 소외당할까 봐 눈치 보기 바쁘다. 만약 누군가가 이성적이고 합리적인 이야기를 하거나 양심적인 행동을 한다면 그 사람은 그 조직에서 완전히 배제되거나 낙오하게 된다.

리더 한 사람이 이 모든 것을 처음부터 의도한 것은 아니었을지도 모른다. 그러나 '우리 편'을 편애하는 집단주의적 이해관계를 기초 토대로 형성된 모든 집단은 필연적으로 이러한 부작용들을 겪게 된다.

이러한 집단은 겉보기에는 단합이 잘되는 집단처럼 보일지도 모른다. 그러나 그것은 민주주의적이고 이성적인 단합이 아니며 그 안에서 구성원들의 진심어린 애정과 발전에 대한 동기부여를 찾기는 어렵다. 구성원들은 오로지 권력집단과 다른 편이 되지 않기 위해 모든 에너지를 허비하는 셈이다.

조직의 와해나 붕괴의 원인을 제공한 결정적인 장본인은 애초부터 잘못된 리더십을 구사한 리더 자신에게 있다고 할 수 있다. 리더가 처음부터 '우리 편' 인지 아닌지를 나누는 비합리적 가치관에 의해 조직을 운용해왔기 때문이다.

글로벌시대의 경쟁력과 발전은 이러한 편 가르기 리더십을 버리는 데서 비로소 그 힘을 키울 수 있다. 지금과 같은 시대에 집단주의 리더십은 언젠가는 그 한계를 드러내게 될 것이다.

감정을 다스리지 못하는 분노조절장애형 리더십

당신은 걸핏하면 욱하는 리더인가?

언제부턴가 최근 영화나 드라마 등 각종 대중매체에서 특이한 현상을 발견할 수 있다. 우리에게 익숙한 특정 캐릭터가 다양한 모습으로 자주 등장하는 것이다. 그것은 바로 분노조절을 하지 못하고 걸핏하면 폭언과 폭력을 행사하거나 아랫사람을 함부로 대하는 이중인격적인 재벌 2세 캐릭터다.

자기가 부리는 사람들에게 비정상적인 요구조건들을 강요하고 마치 노예 같은 복종을 종용하는 고위층, 돈이 많거나 지위가 높다는 이유로 다른 사람들을 인간 이하로 취급하는 일부 사회지도층의 사례가 계속 화제가 되면서, 대중매체에 등장하는 '분노조절장애형' 재벌 혹은 리더에 대한 묘사는 그저 허구가 아니라는 것을 모든 사람이 공감하고 있다.

 분노를 조절하지 못하고 감정을 절제하지 못하는 리더의 사례가 단지 일부의 드문 사례일까?

 실제로 우리나라의 많은 직장인들은 자신의 부서에 있는 상사나 자신이 속한 조직을 이끄는 리더가 감정을 다스리지 못하거나 부정적 감정을 전파시키는 경우를 흔하게 경험했다고 말한다.

 구성원들의 부족한 성과를 다그치기 위해 화를 내거나, 구성원들을 채찍질한다는 이유로 위협적으로 꾸짖거나 인격 모욕적인 언어폭력을 가하거나 심지어 신체폭력을 가하는 리더들의 모습을 접하는 것은 한국 사회에서 그리 어려운 일이 아닐 것이다.

 이러한 리더의 특성은 무조건적인 복종을 요구하는 구시대적 전체주의 체제에서는 어느 정도 허용되었을지도 모른다. 집단의 성공을 도모하거나 실적을 올리기 위해 때로는 분노를 터뜨리고, 때로는 수단방법을 가리지 않고 저돌적으로 덤벼드는 리더에게 반발해서는 안 되는 시절이 있었다.

 그러나 요즘 시대에 분노를 시도 때도 없이 터뜨리고 자신의 감정을 여과 없이 발산하는 리더에게 효율적이고 격 있는 리더십이 있다고 보기는 어렵다. 이런 리더는 심리적인 문제를 스스로 해결하지 못하는 분노중독자 혹은 분노조절장애자일 뿐이다. 심한 경우 전문적인 치료를 요하는 특정 심리장애 환자인데도 스스로 인식하지 못하고 리더의 역할을 수행하는 경우가 적지 않다.

화를 참지 못하는 리더의 유형은?

분노를 조절하지 못하는 심리적 장애를 안고 있는 사람이 리더가 될 경우, 그 집단은 리더로 인한 부정적인 에너지에 휩싸인다. 리더의 분노, 슬픔, 공포, 열등감, 트라우마, 콤플렉스 등 부정적인 감정들이 구성원들에게 고스란히 전달되어 구성원들의 역량을 가로막는 가장 큰 장애물로 작용한다.

이러한 리더 밑에서 일하는 사람들은 공포를 조장하는 조폭 스타일의 리더십의 경우와 마찬가지로, 항상 정신적 불안감에 시달려 창조적 에너지를 제대로 발휘하지 못하게 된다. 수시로 감정을 통제하지 못하고 여과 없이 폭발시키는 리더는 그러한 언행이 이미 장기화되고 습관화된 경우가 많다.

주변 사람들은 그가 가진 지위 때문에 그를 제대로 제어하지 못하고 인간적 모욕을 그대로 감당하게 된다. 물론 속으로는 그 리더에 대한 인간적인 신뢰감을 상실했을 것이다.

사람의 감정이 여과 없이 폭발하는 것은 어떤 외부 사건에 대해 의식적·무의식적으로 반사작용을 하는 것이다. 감정조절을 하지 못하는 사람에게서는 다음과 같은 모습을 발견할 수 있다.

- 욕설이나 비속어가 입에 배어 있다.
- 인격모욕, 비하, 성희롱에 해당하는 폭언을 습관적으로 한다.
- 상대방에게 상처를 주는 말을 거르지 않고 내뱉는다.
- 비아냥거리거나 빈정거리는 유머를 구사한다.
- 상대방의 약점을 들추는 말을 직접적으로 한다.
- 야단을 치거나 잘못을 지적할 때 공개적인 자리에서 모욕을 하는 형식을 취한다.
- 문을 쾅 닫거나 기물을 함부로 던지는 경우가 종종 있다.

그렇다면 이러한 불안정한 분노 에너지와 부정적 언행의 밑바닥에는 어떠한 심리가 깔려 있을까? 분노조절장애를 갖고 있는 리더들은 대개 다음과 같은 유형이 많다.

- 부정적 측면에만 집착하는 유형

분노를 조절하지 못하는 리더의 심리에는 주로 불안감이 깔려 있다. 그 불안감은 부정적이고 비관적인 결과에 대한 불안감이다. 진행하는 일이 실패하고, 성과를 달성하지 못하고, 치명적인 결함이 드러날 것이라고 생각하기 때문에 불안할 수밖에 없다.

어떤 일의 가능성과 불가능성을 객관적으로 판단하는 능력은 리더에게 매우 중요하지만, 오로지 부정적인 면만을 예측하며 구성원 전체에게 자신의 불안감을 전가하는 리더는 구성원들까지도 불안에 떨게 만든다.

- 남 탓하는 유형

분노를 자주 터트리는 리더는 내적으로는 자신에 대한 열등감이나 콤플렉스에 시달리는 경우가 많지만, 외적으로는 이 모든 잘못된 결과의 원인이 다른 사람들에게 있다고 생각하기 때문에 화를 낸다.

자신은 최선을 다했는데 아랫사람들이 제대로 하지 못해서 일이 제대로 진행되지 못했다고 생각한다. 그 조직의 구성원들이 자신의 명령을 수행하지 못해서 실패하는 것이라고 확신하는 것이다. 이러한 리더는 상황을 객관적으로 보지 못하고 핑계를 찾으려 하며 타인에 대한 공감능력과 소통능력이 부족하기 때문에 더더욱 남 탓을 하며 구성원을 분노의 대상으로 삼는다.

- 극단적으로 변덕스러운 유형

어떤 리더들은 단지 화를 잘 내는 정도를 넘어 타인과의 공감능력이 현저히 부족하고 죄책감이나 양심의 가책이 없는 소시오패스 혹은 사이코패스의 특성, 즉 반사회적 성격을 지닌 경우도 있다.

이 경우 평소에는 매우 친절하거나 예의바르다가도 한 번 분노를 표출할 때는 모든 사람을 극도의 불안에 몰아넣는다. 뛰어난 지능이나 능력을 지니고 있어 조직의 성과를 높일 수는 있으나 전체를 위한 건강한 리더십을 발휘하기는 어렵다.

- 강박관념에 시달리는 유형

분노를 조절하지 못하는 리더는 긍정적인 결과나 가능성도 있는 그대로 바라보지 못한다. 이런 사람은 긍정적인 성과에서도 부정적인 측면을 찾아내야 직성이 풀린다.

항상 누군가가 자신을 비난할 것이라는 의심을 품고 있으며, 아랫사람들이 자신을 존중하지 않는다고 착각한다. 인간관계에 있어 사람을 있는 그대로 바라보지 못하고 상대방의 단점이나 배신의 가능성을 찾으려 한다. 이러한 강박관념을 늘 갖고 있기 때문에 사소한 일에도 쉽게 화를 낸다.

- 싸움꾼 유형

타인과의 갈등과 충돌을 마치 게임처럼 즐기며 싸움에서 이기는 과정 자체에서 쾌감을 느끼는 유형도 있다.

이 같은 리더는 경쟁 구도에 놓이는 것을 즐거워하여 맹목적인 노력에 의해 경쟁에서 이길 가능성도 높지만, 반면 지는 것 자체를 견디지 못한다. 만약 자신이 원하는 성과를 얻어내지 못했을 경우 깊은 절망감에 빠져 상대편이나 아랫사람들을 일방적으로 공격하게 되며 이것이 분노의 언행으로 표출된다.

격 있는 리더는 감정을 건강하게 관리한다

수시로 돌변하고 변덕을 부리고 걸핏하면 화를 내는 리더는 구성원들을 불안하게 하고 당황하게 만든다. 이러한 리더는 능력이 아무리 뛰어나더라도 많은 사람들을 이끄는 리더 역할을 하기에는 적합하지 않다.

21세기에 요구되는 리더는 구성원이 심적 안정감을 갖고 제 역할을 할 수 있도록 리더 자신의 감정을 적절히 관리하고 통제할 수 있는 리더다. 이것은 감정을 무조건 숨기거나 억눌러야 한다는 뜻이 아니라, 평소 자신의 심리적 건강을 꾸준히 관리함으로써 감정에 오히려 솔직하면서도 다른 사람들과 즉각적으로 공감하고 소통할 수 있어야 한다는 뜻이다.

분노를 조절하지 못하는 것은 자기 감정의 노예로 사는 것과 같다. 자신의 내부에서 불어오는 감정의 회오리에 무력하게 휘청거리고, 꼭두각시처럼 감정에 매달려 사는 것이다.

그러므로 격 있는 진정한 리더라면 다른 사람을 통제하고 집단을 관리하기 이전에 자신의 감정부터 제대로 관리할 수 있어야 한다. 만약 분노를 제어할 수 없는 상황이 잦아진다면 그 원인부터 찾는 작업을 반드시 해야 한다. 그 원인이란 단기적인 스트레스일 수도 있지만 성장과정이나 어린 시절의 경험까지 거슬러 올라가는 장기적이고 지속적인 문제일 수도 있다.

자신의 감정을 발견하고 인식하라

중요한 것은 주로 어떤 상황에서 분노를 제어하기 어려운지 그 타이밍을 포착하고 근본 원인을 반드시 알아내야 한다는 점이다. 자신을 화나게 만드는 요인, 분노를 촉발시키는 자극을 찾다 보면 사람마다 독특한 요소가 있다. 그 요소를 찾는 것이 분노 관리의 출발점이자 핵심이다.

분노를 언어나 행동으로 표출하기 직전에는 제일 먼저 자기 자신이 그 징조를 느낄 것이다. 그 순간에 '이러이러한 문제로 인해 내가 화가 났다' 라는 사실을 인지하고 알아차리는 것이 중요하다.

또한 남을 모욕하거나 폭력적인 행동을 배설하듯 분출하는 것이 아니라 '화가 났다' 라는 사실 자체를 주변 사람들에게 있는 그대로 이야기하고 해결책을 함께 도모하는 연습을 해야 한다.

예를 들어 흥분하여 욕설을 내뱉거나 폭언을 하기 전에, '어떤 문제 때문에 이러한 결과가 나오게 되었고, 그로 인해 실망감을 느꼈으며, 이 문제를 더 나은 쪽으로 해결하고 싶다' 라는 것을 당사자나 팔로어들에게 말로써 전달하는 것이다.

리더도 감정을 가질 수 있고 화도 낼 수 있다. 그러나 그 감정을 어떻게 관리하고 제어하느냐에 따라, 그리고 얼마나 적절하게 표현하느냐에 따라, 그가 이끄는 조직의 분위기와 성과는 크게 달라질 것이다.

4장

리더십의 7가지 오류

1. 경험 과신의 오류

리더의 흔한 오류

- 내가 이 분야에서 일한 세월이 무려 ㅇㅇ년이다.
  그러므로 내 판단력은 늘 옳다.
- 나는 과거에 이 분야에서 누구나 칭송할 만큼 큰 성공을 거뒀다.
  그러므로 지금도, 앞으로도, 과거와 같은 성공을 당연히 거둘 것이다.
- 나보다 경험이 적은 사람이 제안하는 의견이나 아이디어는 무조건
  부족하고 미숙한 것이다.
- 아무것도 모르는 '애송이'의 말 따위는 무시해도 된다.
- 이 분야(업무)에 몸담은 세월만으로도 나는 존중과 존경을 받아야
  마땅하다.
- 나는 이 일에 관한 한 많은 노력을 했고 전문가다. 다른 사람의
  조언은 들을 필요가 없다.
- 나만의 일 처리 방식과 원칙을 고칠 필요가 없다.
  내 경험은 충분히 근거가 있기 때문이다.

경험은 늘 강력한 무기일까?

일반적으로 리더들은 특정 분야에서 남보다 뛰어난 전문적인 지식과 능력을 갖췄기에 리더의 자리까지 올라갈 수 있었을 것이다. 따라서 자신의 전문성과 풍부한 경험에 대해 자부심과 자신감을 갖는 것은 너무도 당연한 일이다. 긴 시간의 경험을 바탕으로 한 전문성은 초보자가 단기간에 획득할 수 없는 직관력과 지혜를 가능케 한다. 그것은 지식을 넘어서는 강한 힘이 된다.

그러나 경험의 힘은 양날의 칼과도 같다. 경험으로 인한 노련함과 지혜와 직관은 때로는 매우 가치 있을 수 있지만 또 다른 측면에서 보면 상황을 '새로운 방식으로 보는 것'을 가로막기도 한다. 경험을 통해 자신만의 기준, 자신만의 원칙, 자신만의 사고의 틀, 자신만의 필터를 갖게 되기 때문이다.

어떤 대상에 대해 사고의 틀이 형성되고 나면 상황판단을 남보다 빠르게 할 수 있지만, 반대의 시각에서 바라보거나 더 넓은 시야에서 바라보는 것이 어려워진다. 파노라마처럼 보는 것이 아니라 초점을 맞춰서 바라보고, 숲을 보는 것이 아니라 나무를 본다.

그 결과 분명히 놓치는 부분이 생긴다. 그러나 정작 본인은 자신이 뭔가를 놓칠 수 있다는 가능성조차 고려하지 않으려 한다. 자신만의 방식과 필터가 워낙 확고하며, 경험에 대한 자신감이 사고의 유연함을 방해하는 것이다.

경험이 편견을 조장할 수도 있다

대부분의 사람들은 경험의 긍정적인 역할만을 보려 한다. 그리고 경험 많은 리더의 결정과 판단을 따르는 것이 옳다고 생각한다. 그러나 어떤 분야에서 어떤 업무를 하건 어제와 오늘이 다르고 과거와 미래의 상황에는 분명한 차이가 있다. 10년 전에는 통했던 것이 지금은 맞지 않을 수도 있다. 중요한 것은 그러한 변화의 가능성을 열어두는 마인드인데, 흔히 경험이 많은 사람일수록 그러한 마인드를 갖지 않으려는 습성이 있다. 모든 사람은 심리적으로 자신에게 익숙한 것을 되풀이하는 데서 안정감을 느끼며, 새로운 것에는 의식적으로나 무의식적으로나 저항감을 갖게 마련이다.

그래서 풍부하고 오랜 경험은 확신과 자신감을 주는 만큼 편견과 고정관념도 강화시키는 경향이 있다. 이것은 모든 경험 많은 리더들이 빠지기 쉬운 가장 치명적인 오류이자 함정이라 할 수 있다. 경험 때문에 판단력이 빠를 수 있지만, 경험이 시야를 가릴 수도 있다. 경험이 의사결정을 확고하게 해줄 수 있지만, 경험으로 인해 신선한 아이디어를 무시할 수도 있다. 경험은 현명함을 줄 수 있지만, 경험에 틀에 갇혀버리면 창의력이 줄어들 수 있다.

특히 과거에 자신의 분야에서 큰 성공을 거둔 경험이 있다면, 그리고 그로 인해 많은 이들의 인정을 받고 명성을 떨친 적이 있는 리더라면, 경험의 힘을 더욱 주의할 필요가 있다. 과거에 자신이 성공하던 때의 상황과 지금의 상황이 정확히 똑같을 수는 없는데도 불구하고 그 자신은 계속해서 과거의 방식대로 하여 과거에 누렸던 영광을 또 다시 누릴 수 있다고 착각하기 때문이다. 이러한 틀 안에 갇혀 있는 리더는 경험으로 인해 지혜를 발휘하는 리더가 아니라, 자신의 과거 경험에 발목을 잡히는 리더가 될 수도 있다.

'내 방식대로' 라는 위험한 덫

리더로서 올바른 판단을 내릴 수 있는 성숙한 시각을 갖는다는 것은 단순히 경험과 세월만으로는 부족하다. 만약 모든 사안에 대해 '내 방식', '나만의 원칙', '기존의 방식' 만을 고집한다면 그것만큼 위험한 덫도 없다.

만약 한 번도 해보지 않은 새로운 사고방식이나 정보에 반발심이 생긴다면 그 리더는 이미 경험이라는 덫에 빠진 것이라고 할 수 있다. 시장이 변하고 사회가 변화하고 있음에도 불구하고 일 처리 방식이나 경영방식의 변화를 고려하지 않고 기존의 전략만을 유지하는 리더는 경험이 지혜를 제공하는 것이 아니라 편견을 제공한다는 것을 알아차려야 한다.

'내 방식'을 고집하는 리더는 대개 신참자의 의견이나 반대의견, 새로운 아이디어를 경시한다. 그 결과, 구성원들의 새로운 제안에 의해 현재의 상황에 맞는 혁신적인 선택을 할 수 있음에도 불구하고, 그 길을 오히려 적극적으로 막아서게 된다. 리더 자신의 경험에 의하면 새로운 방식은 절대 맞지 않다며 자신의 의견만을 계속 정당화하느라 에너지를 쏟고 시간을 낭비한다.

이러한 리더는 새로운 의견이나 반대의견을 낸 사람을 꾸짖거나 공격하기도 한다. 리더의 고집을 알아차린 구성원들은 회의나 브레인스토밍 시간에도 절대 반대의견을 내지 않거나, 리더의 모든 결정을 묵묵히 따르기만 한다. 그 조직은 이미 퇴보 과정에 놓인 것이나 마찬가지다. 이러한 오류에서 벗어나기 위해서는 오히려 경험에서 빠져나올 필요가 있다. 마치 지금의 일을 처음으로 시작하는 것처럼 트렌드를 다시 분석하고, 다른 사람의 의견에 귀 기울이고, 자신의 생각과는 전혀 다른 방식이 무엇인지 살펴보아야 한다.

따라서 경험이 많을수록 경험에 대한 자신감에서 한 발 물러설 필요가 있다. 경험은 큰 힘이 될 수 있지만 경험 자체가 모든 것을 합리화할 수는 없다. 지혜가 되지 못하는 경험에의 과신은 개인의 집착일 뿐이다.

> **격 있는 리더를 위한 제안**

- 오랜 시간 똑같이 적용한 자신만의 원칙, 방식, 패턴이 있는가? 있다면 그것이 무엇인지 검토한다.
- 자신의 방식과 전혀 다른 방식을 적용하는 데 거부감이 드는지 확인한다. 만약 거부감이 강하게 든다면 자신의 사고가 경직되었음을 알아차리고 유연한 마인드의 필요성을 깨달아야 한다.
- 반대 입장이나 경쟁자 입장에서 분석해본다.
- 구성원들의 여러 의견을 적극 수렴한다. 이때 신참부터 경험자까지 아래 위로 다양한 지위와 위치에 있는 사람들의 의견을 고루 반영하고, 직접적으로 연관이 적은 다른 부서나 담당자의 시각도 참조한다.
- 결정권을 다른 사람들에게 넘기는 시도를 주저하지 않는다. 자신과 전혀 다른 결정을 했다 하여 간섭하거나 개입하지 않도록 한다.
- 모든 사안에 있어서 구성원들의 다양한 아이디어를 모을 수 있는 공식적인 기회와 창구를 활성화한다.
- 기존과 다른 새로운 의견, 반대되는 의견을 내는 구성원을 장려하고 보상한다.
- 새롭게 도출된 의견들을 실제로 반영하고 실행한다.
- 때로는 외부의 다양한 전문가들의 조언이나 도움을 적극 찾고 활용한다.
- 내부 전문가, 외부 전문가, 비전문가의 아이디어를 고루 받아들인다.

2. 가치관 맹신의 오류

리더의 흔한 오류

- 나의 사고방식은 늘 옳다.
- 다른 사람들은 내가 아는 만큼 알지 못한다.
- 내가 믿는 신념, 가치관은 그 근거가 충분하다.
- 나와 다른 가치관이나 믿음을 갖고 있는 사람은 어딘가 부족하고 미숙하기 때문에 그런 것이다.
- 나는 충분히 합리적·객관적으로 상황을 파악하고 있다.
- 나만큼 진실과 핵심을 아는 사람은 많지 않다.
- 나는 다른 사람과 커뮤니케이션을 충분히 많이 하고 있으며, 다른 사람도 나를 '소통하는 리더'로 여긴다.
- 내가 가진 가치관은 지극히 현실적이고 정당하다. 나와 다른 가치관을 가진 사람은 현실을 제대로 알지 못해서 그런 것이다.
- 내 생각에 대해 이의를 제기하는 것은 건방지거나 덜 떨어진 행동이다.
- 다른 구성원들도 내가 믿는 것을 똑같이 믿어야 한다.

- 시간이 지나면 결국 내가 옳다는 것을 알게 될 것이다.
- 나는 정보를 충분히 얻고 있다. 그러므로 나와 다른 사고방식을 가졌다는 것은 정보를 제대로 얻지 못했기 때문이며 뭔가를 잘못 알고 있는 것이다.

내가 믿는 것이 무조건 옳은가?

대개 리더는 리더의 위치에 있는 시간이 길어지고 지위가 올라갈수록 자신의 가치관을 굳게 믿는 경향이 있다. 또한 자신이 아랫사람들과 원활하게 소통하고 있으며, 다른 사람들에게 열린 마음 태도라고 생각하는 경우가 많다.

그러나 과연 다른 구성원들이나 아랫사람들도 그 리더에 대해 같은 생각을 할까? 리더와 팔로어가 상대방에 대해 동등한 시각을 가지고 있다면 리더의 생각이 틀리지 않겠지만, 실제로는 리더의 시각과 팔로어들의 시각에 차이가 나는 경우가 적지 않다. 예를 들어 리더는 구성원들과 커뮤니케이션을 활발히 하고 있다고 생각하는데 정작 구성원들은 리더가 고집불통이거나 소통이 안 된다고 생각할 수도 있다. 리더 본인은 다른 사람들과 충분한 대화를 통해 자신의 주장을 설득했다고 확신하지만, 막상 다른 사람들은 리더가 자기 마음대로 결정을 내렸다고 생각할 수도 있다.

리더의 이러한 오류는 의외로 흔히 벌어진다. 이것은 리더가 자신의 가치관이나 신념에 강하게 고착되어 있을 때 벌어지는 현상이다. 문제는 리더 자신이 오류를 깨닫기 어렵다는 점이다.

리더는 전문성과 자신감을 바탕으로 일이나 인생, 사람에 대한 자신만의 확고한 가치관, 논리, 신념을 갖게 된다. 누구나 자신의 삶을 고수하는 원칙과 신념이 있는 것이 당연하며, 이는 전혀 잘못이 아니다. 그러나 리더의 위치에서 자신이 믿는 것을 지나치게 맹신하고 그 신념을 어떠한 경우에도 다른 식으로 적용하려 들지 않는다면, 그 리더는 가치관을 지키는 사람이 아니라 그저 완고한 사람이 되어버린다.

그때부터 자신만의 고정관념의 색안경을 통해 모든 것을 판단하고 결정한다. 자기와 다른 사고방식이나 생각은 무조건 받아들이지 않으려 들고, 다른 사람이 이의를 제기하는 것에 대해 화를 내며, 만약 자신과 다른 의견을 접하게 되면 상대방이 어리석고 모자란다고 여기게 된다. 자신만의 가치관이 건강하게 작용하는 것이 아니라 현실 왜곡의 틀로 작용하는 것이다. 이러한 틀에 갇혀 자신의 가치관만 맹신하는 리더는 시간이 지날수록 변화에 적응하지 못하고, 시대에 뒤떨어진 사람이 되어간다.

가치관 확신의 오류에 빠지는 이유

아이러니하게도, 고집이 강하고 가치관을 맹신하고 변화를 읽지 못하고 소통을 거부하는 리더들 중에는 자신이 고집이 세지 않으며 소통을 잘하고 마음이 열려있다고 믿는 사람이 적지 않다. 자신을 그렇게 생각하는 것 또한 하나의 틀에 갇혀 있다는 증거다. '다른 가능성을 생각하지 않는 것' 이 사고체계의 근원을 형성하고 있기 때문이다.

그렇다면 왜 리더들이 이런 오류에 잘 빠지는 것일까? 한 예로, 아랫사람들에게 호통을 치고 다그쳐야만 실적이 올라간다는 믿음을 갖고 있는 리더는, 자신의 믿음을 쉽게 바꾸려 하지 않는다. 그는 평소에도 조금만 못마땅하면 아랫사람들을 호되게 꾸짖고 야단치고, 그 직후에 그 조직의 성과가 올라갔는지를 점검한다. 그리고 성과가 조금이라도 올라갔을 때 '내가 호통을 쳤기 때문에 효과가 있었다' 라며 자신의 믿음을 강화한다.

그러나 실제로는 그 조직의 성과가 올라간 원인에는 여러 요인이 있다. 외부 상황이 그 부서에게 유리했을 수도 있고, 새로운 인재가 영입되어서일 수도 있고, 우연이었을 수도 있으며, 사실은 이미 좋은 성과를 올리고 있었는데 리더가 뒤늦게 호통을 친 것일 수도 있다. 그러나 리더는 이 모든 변수를 고려하지 않은 채 오로지 자신이 기존의 방식대로 무섭게 다그쳤기 때문에 성과가 좋아졌다고 맹신한다.

　다시 말해 그 리더는 자신의 믿음을 강화시키는 증거만 수집해서 원래 믿던 대로 믿은 것뿐이다. 심리학에서는 이것을 '확증편향'이라고 부른다. 확증편향이란 자신의 믿음을 뒷받침하는 증거만을 찾는 것을 뜻한다.

'무조건 옳은 것'은 세상에 없다

　많은 리더들이 이러한 심리적 오류를 범한다. 자신의 가치관이나 신념은 아무 문제가 없다고 확신한 채, 자신이 맞는다고 생각하는 증거들만을 수집하는 것이다. 자신에게 반대의견을 제시하지 않을 사람들을 모아놓고 이야기를 한 후, '역시 다른 사람들도 내 의견에 찬성한다'라고 믿고, 자신의 가치관과 부합하는 정보만을 받아들인 다음 '역시 내 생각이 옳았다'라고 믿는다. 리더의 '고집'을 알고 있는 구성원들이 겉으로만 우호적인 태도를 보인 것뿐인데 정작 리더 본인은 '충분한 소통과정을 거쳤다'라고 믿기도 한다.

　리더의 확고한 가치관은 흔들림 없는 리더십을 가능하게 하지만, 그 확고함이 지나칠 경우에는 조직을 경직되게 만든다. 그러한 집단은 더 이상 발전하지도 않고, 더 이상 누구도 리더의 변화를 기대하지도 않는다. 누구도 리더에게 다른 의견을 이야기하지 않기 때문에 리더의 고집과 맹신은 시간이 갈수록 더욱 강해지는 악순환이 되풀이될 것이다. 심지어 반대의견을 가진 사람들이 도태되거나 축출되기에 이른다.

리더가 '나의 가치관이 무조건 옳다' 라는 신념에 부합하는 증거만을 찾으려 할수록 그의 판단력과 분별력은 흐려진다. 그 결과 잘못된 선택을 하고, 구시대적 발상을 되풀이하고, 현실을 제대로 파악하지 못한다.

올곧은 가치관을 지니는 것과, 그 가치관에 집착하는 것은 다르다. 누군가 나와 다른 신념이나 사고방식을 가지고 있다면 그것은 그 사람이 모자라거나 부족해서가 아니라 다만 '다른' 가치관을 가진 것이다. 다른 생각, 새로운 생각, 반대되는 생각을 접할수록 리더는 그러한 생각을 가진 상대방을 적극 자기편으로 만들고, 이야기를 들어보고, 전에는 미처 생각하지 못했던 새로운 가능성을 염두에 둘 수 있어야 한다.

리더는 극단적인 사고, 예를 들어 '무조건, 항상, 언제나' 와 같은 사고를 경계해야 한다. 그리고 자신의 가치관을 지지하는 증거가 아니라 반대하는 증거를 더욱 적극적으로 찾을 수 있어야 한다.

> **격 있는 리더를 위한 제안**

- 내가 아는 것이 '무조건' 진리가 아닐 수 있음을 받아들인다.
- 내가 모든 것을 다 알 수는 없다고 생각한다.
- 때로는 오랜 세월 고수한 원칙을 완전히 깨뜨릴 수도 있다.
- 사람들이 보이는 우호적인 반응은 내게 찬성해서가 아니라 나 자신의 경직성 때문일 수도 있다.
- 조직의 구성원들은 리더가 일방적으로 이끌고 가르쳐야 하는 존재가 아니라 서로가 서로를 가르치고 깨우칠 수 있는 존재들이다.
- 내가 믿고 있던 것이 틀린 것일 수도 있다.
- 나보다 미숙하고 모자라다고 생각했던 사람으로부터 나보다 새롭고 창의적인 것을 배울 수 있다.
- 리더가 이끄는 조직은 리더 한 사람의 신념에 의해 기계처럼 돌아가는 곳이 아니라 매일 새롭게 변화하고 상호작용하는 생태계 같은 곳이다.
- 원칙을 늘 고수하기보다는 '재검토, 점검, 재고'의 필요성을 늘 염두에 둔다.

3. 과거 기억에 대한 잘못된 착각의 오류

> **리더의 흔한 오류**

- 뭔가를 결정할 때 리더 한 사람의 기억이나 짐작, 감을 절대적으로 따르는 것은 지극히 당연한 일이라고 생각한다.
- 리더는 경험이 많고 노련한 전문가이므로 이전에 겪은 모든 일에 대해 가장 잘 알고 있다.
- 중요한 결정을 내릴 때, 리더가 제대로 알고 있다면 주변 사람들이나 관계자들에게 굳이 의견을 묻거나 사실관계를 확인할 필요는 없다고 생각한다.
- 리더의 육감과 직감이 가장 믿을 만하다.
- 사람들을 이끄는 리더로서 자신감이 있기에 '그 일에 관해서라면 내가 가장 잘 기억하고 있다' 라고 확신한다.
- 자신의 기억을 단 한 번도 의심해본 적이 없다.

왜곡된 기억을 고집하는 리더

경험이 풍부하고 원숙함과 노련함을 갖춘 리더는 자신의 생각에 대해 커다란 자신감을 갖고 있는 경우가 많다. 또 중요한 결정을 내리거나 새로운 계획을 추진할 때 리더 한 사람의 뛰어난 직감과 판단력에 의해 최종 결정을 하는 경우도 적지 않다.

어떤 분야에 종사하든 리더가 결심을 하고 실행에 옮길 때에는 다 그만한 이유가 있다. 그 점을 리더 본인도 확신할뿐더러 주변 사람들과 조직 구성원들도 그러한 리더의 확신에 크게 의존하게 된다. 리더는 어떻게 해서 남보다 강한 확신을 가질 수 있고, 남보다 선명한 직감에 의해 판단을 할 수 있는 것일까? 대부분의 경우에는, 현재 벌어지는 복잡한 상황 중에서 과거에 직접 경험했던 상황과 유사한 면을 발견하고, 과거에 성공했던 방식을 참조하여 지금의 상황에 적용할 수 있다는 자신감과 응용력이 있기 때문이다.

말하자면 리더의 두뇌에 보관되어 있는 장기기억의 정보들 중에서 관련이 있는 유사한 정보들을 다시 꺼내어 현재의 문제를 해결하기 위해 활용하는 것이라고 할 수 있다. 그래서 리더의 경험과 기억은 어떤 조직의 정책이나 운영에서 매우 중요한 역할을 한다.

문제는 제아무리 뛰어난 리더라도 리더의 두뇌 자체가 컴퓨터의 저장장치와는 분명히 다르다는 점이다.

사람이 판단하고 결정할 때는 두뇌에 저장된 기억과 정보를 있는 그대로 재출력하는 것이 아니다. 기억과 정보를 떠올리고 다시 꺼내는 과정에서 여과 과정을 거치게 된다. 거기에는 그 사람의 개인적인 편견, 그 사람만의 사고방식이 작용하게 마련이다.

그래서 사람의 모든 기억은 결코 완벽하지 않다. 아무리 기억력이 뛰어난 사람이 하더라도, 세부 정보를 다시 꺼낼 때는 오류나 착각이 개입된다. 그런데 만약 리더가 자신의 경험을 토대로 한 개인적인 기억을 100퍼센트 완벽한 것이라고 확신하고 그 기억에만 무조건 의존한다면, 과연 그러한 의사결정 과정이 합리적이라고 할 수 있을까?

사람의 기억은 불완전하다

인간의 기억에 대한 심리학자들과 뇌 과학자들의 무수한 연구 결과로 알 수 있는 것은 사람의 기억은 절대적으로 불완전하다는 점이다. 한 연구에 의하면 기억과 실제사건이 정확히 일치할 확률은 7퍼센트가 되지 않으며, 자신이 기억한다고 여기는 내용 중 3분의 1 정도는 실제와 다르다고 한다.

모든 인간은 상황을 있는 그대로 기억하는 것이 아니라 자신에게 유리한 쪽, 자신의 생각과 부합하는 쪽으로 기억한다. 자신에게 중요한 것은 더 선명히 혹은 과장해서 기억하지만, 덜 중요하다고 여기는 것은 잘못 기억하거나 완전히 엉뚱하게 기억하기도 한다. 또 자기도 모르는 사이에 무의식적으로 기억을 수정하기도 하고 삭제하기도 한다. 남의 이야기를 들을 때도 상대방 이야기를 처음부터 끝까지 정확히 듣고 그대로 기억하는 것이 아니라 자신에게 와 닿는 부분만 듣고 저장하는 선택적인 듣기를 한다. 일어나지 않았던 일을 일어났다고 기억하기도 한다.

학자들의 설명에 의하면 인간의 기억은 컴퓨터에서 파일을 저장했다가 그 파일을 그대로 출력하는 것 같은 작업이 아니라, 정보를 '재구성' 하는 작업이다. 즉 손실·오류·왜곡·과장·삭제·상상·착각 등의 다양한 요소가 개입되는 것이 바로 기억이다.

똑같은 상황을 앞에 두고도 사람마다 미묘하게 다르게 기억한다. 범죄자를 찾을 때 활용하는 목격자 진술에조차 기억의 왜곡이 크게 작용한다. 유명한 기억 이론인 '에빙하우스의 망각곡선'에 의하면 인간은 해당 사건 직후에 그 일의 상당 부분을 급격히 망각하기 시작한다고 한다. 즉 기억은 시간이 지남에 따라 대단히 빠른 속도로 희미해지고 채색되고 덧칠된다.

그럼에도 불구하고 사람들은 자신의 기억이 왜곡되거나 오류가 있을 거라고는 생각하지 못한다. 자신의 머릿속에 떠오르는 것을 진실일 것이라고 믿어 의심치 않는다.

특히 전문성과 능력과 노련함을 갖춘 리더는 자기 자신의 판단력에 대해 확신한 나머지 자신의 기억에 한 치의 오차가 없을 거라는 착각을 다른 사람들보다 더 많이 하는 경향이 있다. 자신의 기억 자체가 오류투성이일 수 있는데도, 자신이 기억하는 것이 맞기 때문에 그 기억에 의한 '감'을 따르는 것이 옳다고 주장하는 것이다. 그러나 알고 보면 리더가 뭔가를 결정하고 추진할 때 자신의 경험과 기억을 과신하여 오류를 일으켰을 가능성도 높다.

따라서 리더의 격을 높이기 위해서는 자신의 경험과 기억을 지나치게 확신하기보다는, 기억 자체가 왜곡되었거나 착각을 일으켰을 가능성까지도 염두에 두어야 한다. 그리고 정확한 정보와 사실관계를 재확인하는 절차가 꼭 필요하다. 과거의 일에 대해 아랫사람들은 어떻게 기억하는지, 각기 다른 직위에 있는 사람들은 어떻게 기억하는지, 나와 다른 입장에 있는 사람은 어떻게 기억하는지 확인해야 한다.

격 있는 리더는 자신의 기억력을 과신하는 리더가 아니라 모든 구성원들의 기억을 다시 한 번 확인하고 같은 실수를 저지르지 않으려 노력하는 리더다.

격 있는 리더를 위한 제안

- 평소 객관적인 자료(통계, 문서, 기사, 회의록 등)를 체계적으로 정리해두었다가, 불확실한 부분이 나타나면 반드시 자료를 통해 전후 관계와 객관적 사실을 검증한다.
- 기억에 의존하는 습관을 버리고, 모든 구성원이 수긍하는 절차, 체계, 과정을 따른다.
- 리더의 해석, 기억, 짐작에 의해 사안을 최종 결정하지 않는다.
- 뭔가를 결정하기 전에는 필요한 구성원들이 참석하는 회의를 반드시 공개적, 공식적으로 개최한다.
- 모든 회의는 추후에 증거물로 효력이 있도록 공식적인 기록을 남긴다.
- 다른 의견이나 반대 의견이 회의 이후에 계속 제기되지 않도록 모든 논란거리는 회의 중에 해결한다.
- 중요한 결정을 내리거나 의견을 모을 때, 관련 사안에 대해 잘 알고 있거나 그 일을 직접 담당하거나 참여했던 관계자들에게 사실 관계를 확인하여 짚고 넘어간다.
- 다른 사람들이 어떻게 기억하고 있는지 물어보고 자신이 기억하는 바와 다른 점은 없는지 확인한다.

4. 지나친 낙관주의의 오류

리더의 흔한 오류

- 낙관적이고 긍정적인 사고방식은 늘 좋은 것이며, 조직의 모든 구성원들에게 아무리 강조해도 지나치지 않다.
- 우리 집단(회사, 팀, 프로젝트, 지역, 국가)은 반드시 발전할 것이고 '다 잘될 것'이라고 생각한다.
- 구성원들이 만장일치를 했다면 그 결정은 옳은 것이다.
- 나쁜 결과나 악재, 리스크, 부정적 사건을 예측하고 걱정하는 것은 앞으로의 발전에 도움이 되지 않는다.
- '만약에 잘못된다면'이라는 의견을 제기하는 구성원은 조직 전체에 부정적 에너지를 가져오므로 무시한다.
- 현재의 상황이 과거의 성공사례 때의 상황과 비슷하다면 예전에 했던 대로 과감하게 밀어붙여도 된다.
- 모든 결정과 실행과 추진은 빨리 할수록 좋다.

막연한 낙관주의는 때로 치명적이다

대부분의 사람들은 '낙관성'이라는 단어를 긍정적으로 평가하는 경향이 있다. 매사에 비관적인 사람보다는 낙천적인 사람에게 더 호감을 갖고, 발전과 성장을 위해서는 부정적 사고방식보다는 낙관적 사고방식을 가져야 한다고 믿는다.

실제로 정신적인 질환이 있거나 갑작스러운 사건사고 상황에 처하지 않는 한, 보통 사람들의 80퍼센트 정도는 자신의 삶과 미래를 낙관적으로 생각한다는 연구 결과가 있다. 미래는 현재보다 훨씬 나아질 것이며, 나쁜 일은 일어나지 않을 것이며, 갑작스러운 천재지변이나 불행한 사고는 다른 사람들에게는 몰라도 자기 자신에게는 일어나지 않을 거라고 생각하며 산다.

앞날을 막연히 낙관적으로 생각하는 것은 매 순간 불안해하며 사는 것보다 생존에 유리하기에 인간에게 내재된 하나의 속성이라 할 수 있다. 현재보다 미래가 나아질 것이라고 생각해야만 삶에 대한 동기부여가 되고 각종 스트레스를 견딜 수 있는 힘이 생기기 때문이다. 그래서 '잘될 거야'라는 말 한마디는 누구에게나 큰 힘이 된다. 그러나 낙관주의가 건강한 일상을 살아가도록 하는 데 필요한 요소라 하더라도, 오로지 낙관주의에만 의존하는 사고방식은 치명적인 위험을 초래할 수도 있다. 특히 한 집단의 앞날을 책임지는 리더의 지나친 낙관주의는 어마어마한 손해나 돌이킬 수 없는 실패를 불러일으키기도 한다.

흔히 리더란 악재 속에서 가능성을 발견하고, 다른 사람들이 보지 못한 그 가능성을 강력하게 추진함으로써 놀라운 결과를 도출하는 능력을 가진 사람이라고 일컬어진다. 모든 사람이 '안 된다'라고 할 때 '된다'라고 부르짖으며 추진하여 성공한다는 것이다. 그러나 이것은 낙관주의를 제대로 이해한 것이 아니다. 진정한 의미의 낙관주의는 상황의 긍정적인 가능성과 부정적인 불가능성 모두를 똑같이 고려한 후, 가능한 이유와 불가능한 이유 양쪽 모두를 고려하여 '몇 퍼센트의 확률로 가능하다'라는 것을 예측하고 판단하는 것에 가깝다. 정확하고 합리적인 분석을 한 뒤 가능하다면 그것이 왜 가능한지, 불가능하다면 어떤 근거에서 불가능할 수 있는지까지 파악하고 따져보고 그에 대한 대책까지 세워두는 것이다.

그런데 낙관주의를 잘못 이해하는 리더는 문제를 정확히 파악하고 분석하는 과정을 생략한 채 자신의 결정을 과잉 확신한다. '예전에 일어났던 일과 얼추 비슷한 상황이니 지금도 예전처럼 하면 될 것이다'라는 안일한 믿음을 버리지 못한다. 그리고 성급하게 해결책을 찾고 결론을 내려 한다.

믿을 수 있는 것인가, 믿고 싶은 것인가?

이처럼 낙관주의의 오류에 빠져 있는 리더는 팔로어들로 하여금 '눈 가리고 아웅' 하는 식의 해결책을 찾게 만든다. 즉 리더의 낙관주의적 요구를 만족시키기 위해, 위험요소를 제대로 밝히지 않고 불확실한 부분을 정확히 보고하지 않은 채 어떻게 해서든 마무리를 지으려 하게 되는 것이다.

이러한 의사결정 방식이 관습화된 조직에서는 리더가 점점 더 객관적인 판단력을 잃어버리고, 자기가 보고 싶은 것만 보게 된다. 그리고 구성원들은 리더를 만족시키거나 안심시키기 위해 전전긍긍한다. 더구나 리더는 성공과 실패의 책임이 자신에게 있다는 심적 부담을 갖고 있기에 불확실한 점, 부정적 예측, 불안한 부분, 위험요인 등은 확실하게 밝히지 않으려 한다. 행여 불안하더라도 직시하려 하지 않는다.

많은 경우 리더는 조직 구성원들에게 '부정적인 사고' 자체를 하지 않도록 직접적, 간접적으로 종용하기도 한다. 이러한 조직에서는 앞날의 부정적인 결과에 대해 이야기하거나 이의를 제기하는 것 자체가 은연중에 금기시되는데, 당장은 긍정적인 기운이 있는 집단으로 보일 수는 있어도 장기적으로는 오류와 실패를 반복하는 조직이 될 수도 있다.

2008년 전 세계적인 금융위기가 발생하기 직전 미국 월스트리트의 은행들은 리스크 관리와 예측을 제대로 하지 못했다고 한다. 위험요인을 예측하지 않고 미래를 낙관적으로만 본 결과 금융위기와 장기적 경기침체 현상이 나타났다고 해도 과언이 아니다.

'믿을 수 있는 것'을 믿는 것이 아니라 '믿고 싶은 것'만 믿는 낙관주의는 이처럼 치명적인 결과를 낳는 경우가 많다. 수십 년간 승승장구하며 해당 업계를 주름 잡던 기업들이 하루아침에 몰락하는 이유 중 하나는 바로 미래를 제대로 예측하지 못하고 지나친 낙관주의에 빠져 '우리가 영원히 잘 나갈 것이다'라고 생각했기 때문이다.

따라서 리더는 결정이나 판단을 할 때 지나친 낙관주의와 자신감을 경계할 줄 알아야 한다. 아무리 정확한 판단력과 자신감을 갖고 있는 리더라 할지라도 그 자신감이 객관적 사실에 기반을 둔 것이 아니라면 문제가 된다. 모든 예측이란 양쪽의 가능성을 모두 염두에 두고 최선을 다해 분석하는 것일 뿐, 신처럼 예언하는 것이 아니다. 또한 진정한 낙관주의란 아무 대책 없이 '잘될 거야'라고 외치는 것이 아니다. 그것은 보고 싶지 않은 현실을 외면하는 것일 뿐이다.

격 있는 리더를 위한 제안

- 결정한 것을 실행에 옮기기 전에 반드시 숙려하는 시간을 갖는다.
- 최종 판단을 내리기 전에는 성공 가능성이 아닌 실패 가능성과 실패 요인을 찾는 과정을 거친다.
- 핵심 구성원의 참여 하에 리스크 요인을 다각도로 분석한다.
- 앞으로 예상되는 상황에 대해 찬성하는 입장과 반대하는 입장, 내부인과 외부인사의 의견을 골고루 참조한다.
- 맞는 증거를 수집하는 것을 멈추고, 틀렸음을 뒷받침하는 증거를 수집해 본다.
- 지금의 결정이 실패를 불러왔다는 가상의 상황을 가정하고 그 원인을 찾는 작업을 한다.
- 지금의 결정이 내려지고 나서 1년 후, 2년 후, 5년 후의 상황을 예측해본다.
- 다양한 예측 요인들을 종합 분석하여 각각의 위험요인에 대비할 제2, 제3의 계획들을 구체적으로 세워둔다.
- 미심쩍은 부분을 막연히 '잘될 것이다' 라는 생각만으로 간과하고 있지 않은지 되돌아본다.

5. 권력과 야망의 오류

> **리더의 흔한 오류**

- 리더의 발전 동력은 비범한 능력과 남다른 야망에서 나온다.
- 높은 권력이나 지위를 쟁취하기 위해서는 부수적인 희생이나 손해는 감수해야 한다.
- 권력을 차지하고 힘을 가져야 더 큰 일을 할 수 있다.
- 리더에게 가장 중요한 덕목이 강력한 힘과 권위, 카리스마라는 사실은 아무리 세상이 바뀌어도 변하지 않는다.
- 리더는 독단적인 의사결정권과 힘을 행사할 수 있어야 한다.
- 구성원 중 누군가가 이의제기를 하거나 반기를 드는 것은 있을 수 없는 일이며, 필요할 때는 힘으로 제압할 수도 있다.
- 리더의 독단적인 결정권에 의해 조직을 경영해야 한다.
- 조직의 중요한 정보는 대부분의 구성원들이 접근할 수 없어야 한다.
- 리더는 절대적인 파워가 있고 결점이 없는 존재여야 한다.
- 조직 내에 파벌집단이 형성되는 것은 어쩔 수 없는 것이며 이것을 잘

> 이용해야 한다.
> - 권위적인 리더가 강한 리더다.

리더의 야망은 필요악인가?

"인간은 권력을 줄수록 서툴게 행사하기 마련"이라고 말한 마키아벨리, "정직한 사람은 다른 사람에게 권력을 행사하는 일에서 쾌감을 느끼지 못한다"라고 말한 토머스 제퍼슨, "권력이 클수록 남용은 더 위험해진다"라고 말한 에드먼드 버크.

동서고금의 철학자와 정치가들은 권력과 야망의 위험성에 대해 늘 경계하여 왔다. 리더와 권력, 야망의 관계는 떼어놓고 생각하기 어려울 정도로 밀접하게 얽혀 있다. 야망이란 사실상 모든 리더들이 앞으로 나아가는 과정에서 누구나 맞닥뜨리게 되는 결정적인 딜레마이자 함정이라 할 수 있다.

야망은 발전의 원동력이며, 모든 리더는 야망을 장착한 채 권력을 차지하기 위해 전력질주한다. 혹은 거꾸로 설명할 수 있다. 즉 야망을 실현한 사람, 권력을 차지한 사람을 결과적으로 리더라고 부르기도 한다. 사람이 아무런 욕심 없이, 아무런 야망 없이 리더가 되기는 어려울 것이다. 야망과 권력욕이 전혀 없는 사람은 굳이 리더가 되겠다는 생각을 하지 않게 마련이다.

리더의 역할과 모습을 이야기할 때 가장 대표적인 이미지로 동원되는 것도 권력적 측면에 관한 것이다. 힘과 능력으로 권력을 쟁취한 자의 강한 모습, 그런 리더의 본능적인 야망과 카리스마 넘치는 추진력과 영향력은 흔히 리더를 생각할 때 가장 먼저 떠오르는 이미지일 것이다. 일반인과 다른 야망을 품고 강한 권력을 차지한 정치적·경제적 리더는 어느 사회에서나 대중적으로 큰 인기를 누리거나 역사에 한 획을 긋기도 한다.

그럼에도 불구하고 권력의 위험성에 대해 경고하는 수많은 격언들이 존재하는 이유는 적절히 제어되지 않은 야망과 권력욕은 그 리더를 몰락시키는 결정적인 원인으로 작용하기 때문이다.

개인적 탐욕은 리더의 자멸을 초래한다

야망과 권력은 적절한 수준을 찾고 유지하기가 매우 힘들다. 적절한 야망은 리더의 발전을 돕고, 리더가 자신의 권력을 합리적으로 사용하면 더 많은 사람들에게 이익을 주는 업적을 달성할 수 있다. 야망과 권력욕이 너무 부족해도 리더의 자리에 오르기 어렵고, 반면 너무 과하면 사람들의 존경을 받기가 어렵다.

그러나 리더가 그 야망과 권력을 개인적 탐욕을 위해 사용할 때부터 폐해가 발생한다. 모든 인간에게는 더 많은 것을 원하고,

더 강한 힘을 바라는 본능이 내재되어 있기 때문에, 자기절제력과 건강한 인격을 갖추지 못한 리더는 야망을 제어하지 못한 채 자신이 휘두른 힘에 깔리게 된다.

우리는 많은 정치적 리더나 기업가들이 리더십 속의 개인적 욕심을 다스리지 못하여 자멸하는 경우를 항상 보아왔다. 목적을 달성하기 위해 사람을 소모품처럼 이용하고 버리는 리더, 권력을 유지하기 위해 원칙을 무시하는 리더, 자신감과 자기 확신이 넘치는 나머지 다른 사람의 의견을 무시한 채 독단적으로 모든 것을 결정하는 리더, 대(大)를 위해 소(小)를 희생시키는 리더, 큰 뜻을 위해 수단 방법을 가리지 않는 리더들은 지금도 우리 사회에서, 혹은 우리 주변에서 크고 작은 악영향을 끼치고 있다.

권력욕에 취한 리더 중 가장 위험한 유형은 자기애, 즉 나르시시즘에 빠진 리더다. 자신의 능력에 도취되고, 다른 사람들이 자신에게 복종하는 상황에 도취되고, 자신의 결정과 판단이 성공을 가져온 그동안의 경험에 도취된 리더는 과잉된 자아상에 빠진 나머지 더 이상 다른 사람들의 존재와 역할을 인정하지 않는다.

그런 리더는 스스로에 대한 우월감과 자만심에 휩싸여 아무것도 듣지 못하고 보지 못한다. 특히 카리스마가 강한 권력형 리더일수록 자기애에 빠질 위험이 높다.

권력욕에 도취된 리더의 자기애는 자신의 야망이 빚어낸 성공의 경험에서 비롯된 것이기에 근거 없는 것은 아니다. 그러나 그로 인해 자신이 세상의 주인이 된 것으로 착각하고 모든 사람과 상황을 자기 마음대로 제어하고 움직일 수 있다고 믿는 순간부터 리더의 판단력은 흐려진다. 그때부터 리더는 자신의 욕심과 부합하는 정보와 사람만 인정하고, 그렇지 않은 정보나 사람은 냉정하게 버린다. 또한 자신에게 부여된 권력을 휘두르는 것이 익숙해지고 나면 권력에도 한계가 있다는 것을 망각한다.

이처럼 도를 넘은 리더에게는 반드시 특이한 징조가 나타난다. 구성원들이 그 리더 앞에서 겉과 속이 다른 태도를 보이고, 조직의 분위기가 경직되고, 대의를 위해 억울하게 희생되는 약자가 생기고, 리더가 추진시킨 계획이 연달아 실패하기도 한다.

혹은 그 리더 본인이나 그가 이끄는 조직이 이런저런 구설수에 휘말리기도 한다. 이 모든 것이 리더의 오류를 가리키는 증상들임에도 불구하고, 권력을 휘두르는 것에 도취된 리더를 아무도 제어하지 못하는 것이다.

격 있는 리더를 위한 제안

- 의사결정 과정에서 공정성·투명성·합리성을 부여할 수 있는 제도를 구축한다.
- 자문이나 감시를 할 수 있는 별개의 부서를 만들고 이 부서가 리더를 제어할 수 있는 힘을 갖게 한다.
- 소수의 리더나 최상위 리더 집단에 그 조직의 결정권이나 권력이 집중되지 않도록 한다.
- 의사결정 과정에 있어서 다양한 의견을 내는 다수의 구성원이 골고루 참여할 수 있고 각각의 의견이 반영될 수 있는 제도를 확립한다.
- 리더의 결정에 대해 반대 의견을 제기할 수 있는 분위기와 기회를 마련한다.
- 반대 의견을 내놓는 구성원이 희생되거나 불이익을 당하지 않고 보상을 받을 수 있는 시스템을 정착시킨다.
- 리더는 물론이고 구성원 전체의 도덕성·윤리성·공정성을 점검하고 기강 해이를 방지하는 제도를 마련한다.
- 소수의 희생이 불가피할 때 합당한 근거를 제시하고 보상을 할 수 있는 법적 체계를 만들고 지킨다.
- 리더의 권력에 영합하는 구성원들이 불합리한 이익을 얻지 않는 체계를 마련한다.

6. 관계와 집착의 오류

리더의 흔한 오류

- 인간관계를 맺거나 사람을 뽑을 때 기왕이면 같은 고향, 같은 지역, 같은 학교 출신이면 훨씬 더 호감이 가며 그런 사람들과 공적·사적으로 돈독하게 지낸다.
- 가족이나 친족 등 혈연으로 연결된 사람을 더 신뢰하며, 그런 인맥으로 연결된 사람을 채용하거나 동업한다.
- 한국 사회는 지연·학연·혈연이 매우 중요한 사회이므로 리더로서 이러한 관계들을 잘 맺고 최대한 활용해야 한다.
- 리더는 동문회·동창회·향우회 등의 커뮤니티를 통해 업무적으로도 많은 것을 얻을 수 있다.
- 조직(회사, 팀) 내에 동향 사람이나 학연, 지연으로 연결된 구성원이 많다.
- 조직(회사, 팀) 내의 요직은 가족이나 친족, 각별한 친구가 차지하고 있다.
- 리더는 개인적으로 마음에 드는 사람들만을 늘 곁에 두고 의사결정이나 조직 운영에 그들의 의견을 주로 참조하는 것이 편하다.

- 혈연, 지연, 학연 등 사적인 관계에 있는 구성원들은 조직 내에서 성과나 실적이 저조해도 내버려둔다.
- 조직 내에 이해관계나 족벌관계로 구성된 사조직 혹은 파벌이 존재하지만 묵인한다.
- 개인적인 친분이 있는 사람들을 공적인 상황에서도 이용한다.
- 조직 내에 리더가 편애하는 소수의 사람이 있고 그들에게 혜택을 더 주는 것은 인지상정이라고 생각한다.

리더가 지켜야 할 관계의 선

인간은 사회적 동물이다. 사회 속에서 타인과 어떤 관계를 맺고 살아가느냐에 따라 그 사람의 삶이 결정된다고 해도 과언이 아니다. 특히 리더는 자신의 주변에 어떤 사람을 두고 어떤 사람들과 관계를 맺느냐에 따라 성공과 실패가 결정될 수 있다.

특정한 공통점이나 유대관계로 인해 좀더 애착이 가고 더 쉽게 친해지는 인간관계가 있는 것은 리더로서도 당연한 일이다. 그러나 그러한 인간관계가 개인의 관계에서 머물지 않고 리더십에 사사건건 영향을 끼친다면 그것은 인간적인 애착을 넘어 해로운 집착이 될 수도 있다. 특히 조직 내에 리더 본인과 학연, 지연, 혈연으로 연결된 구성원들이 많거나 그러한 사람들이 리더의 권력에 기대어 부당한 이익을 차지할 때, 그 조직은 점차 공정성과

합리성, 투명성을 상실하게 된다.

　리더의 주변에 이러한 관계들이 복잡하게 연결되어 있을 때 리더는 객관적인 판단력을 잃어버리고, 그야말로 '내 맘에 드는' 사람들의 왜곡된 의견에만 의존한다. 크고 작은 기업이나 조직에서 리더가 상황 판단을 제대로 하지 못하거나 잘못된 결정을 한다면 그 리더는 편협한 관계에서 비롯된 집착에 의해 형평성을 잃은 상태일 수 있다.

　리더도 인간이기에 더 마음이 가고 안 가는 사람들은 있을 수 있다. 더 쉽게 친해지는 사람이 있는가 하면 친해지기 어려운 사람이 있고, 성향이 비슷한 사람과 전혀 다른 사람이 있다. 특정한 상황을 바라보는 시각에 있어서도 리더와 의견이 비슷한 사람이 있는가 하면 전혀 다르게 보는 사람도 있다. 또한 조직 내에서 좀 더 가까이 두고 싶은 사람들이 있는가 하면 멀리하게 되는 사람들도 있을 수 있다.

　그러나 리더가 인간관계에서 공과 사를 구분하지 못할 때, 그리고 애착이 가는 사람들만을 중시하고 그들의 의견만을 의사결정에 반영할 때, 조직 전체가 잘못된 방향으로 굴러갈 수 있다. 그래서 객관성과 형평성을 잃은 리더의 집착적인 관계형성 방식은 리더십에 해악을 끼치는 결정적인 요인이다.

　리더는 인간관계에 있어서나 공과 사에 있어서나 '선'을 지킬 수 있어야 한다. 만약 이러한 선을 잘 지키지 못한다면 그 리더는 자신이 맺는 관계 자체에 모든 것을 의존하는 습성을 갖고 있는 것이다.

그런 리더는 자신의 의견에 반대하는 사람을 견디지 못하고, 모든 사람들이 자신을 좋아해 주기를 갈구하며, 리더로서의 본분보다는 사람들로부터 받는 시선과 '인기'에 연연한다. 자신이 대중 앞에 돋보이는 것을 좋아하고, 사람들이 자신을 떠받들어주는 것을 즐기며, 물질이나 관계를 이용해 생색을 내는 것에 불필요하게 많은 에너지를 쏟는다.

무엇보다도 어떤 사람을 신뢰할 수 있는가에 대한 기준이 불분명하기 때문에, 조직을 위한 의사결정을 할 때에도 개인적으로 친하거나 학연, 지연, 혈연으로 연결된 사람들의 말에만 귀 기울이는 것이다.

리더는 개인적 취향을 초월해 다양한 유형의 사람들과 관계를 맺으며 찬성파와 반대파의 의견을 두루 수렴해야 한다. 감정적인 애착을 유지하되 그로 인해 객관적인 판단력을 잃지 않도록 하며, 자신과 맞지 않거나 자신을 비판하는 구성원들을 오히려 적극적으로 가까이 두고 그들의 의견을 참조해야 한다. 관계에 대한 집착에서 벗어나 냉정한 객관성을 유지하는 태도가 리더의 격을 높여줄 것이다.

> **격 있는 리더를 위한 제안**

- 중요한 의사결정에 결정적인 영향을 끼치는 요인이 조직 내의 지연, 학연, 혈연, 개인적 친분관계로 연결된 구성원에 의한 것은 아닌지 점검한다.
- 리더와 사적인 친분이 있는 소수의 사람들에게만 특권과 이익이 돌아가지 않도록 시스템을 개혁한다.
- 리더 자신의 공적인 인간관계와 사적인 인간관계를 혼동하지 않도록 유의한다.
- 학연, 지연, 혈연과 연관이 없는 사람들과의 다양하고 입체적인 관계를 확장한다.
- 의사결정을 하거나 운영을 할 때 사적으로 친한 구성원들에게만 의존하지 않도록 유의하고 그와 관련된 제도를 점검한다.
- 조직 내에 사조직이나 파벌이 만들어지는 것을 금한다.
- 개인적으로 호감이 가지 않거나 성향이 다른 사람들의 반대의견과 비판도 귀담아 듣고 의사결정에 참조한다.

7. 두려움의 오류

> **리더의 흔한 오류**

- 중요한 결정을 내릴 때 '돌다리도 두들겨 본다' 라는 속담을 떠올리며 최종 판단을 미루다가 적절한 타이밍을 놓친다.
- 실패할 것에 대한 두려움으로 인해 판단력을 잃거나 어리석은 결정을 하고는 뒤늦게 후회한다.
- 변화하는 현실을 직시하는 것을 두려워 한다.
- 모든 사안의 가능성과 긍정적 요인보다는 위험성과 리스크 요인에 훨씬 더 집중하느라 기회를 놓친다.
- 새로운 방식을 시도하는 것보다는 기존의 방식을 유지하는 것이 안전하다고 생각한다.
- 해보지 않았거나 익숙하지 않은 방식으로 하는 것은 무모하고 어리석은 짓이라고 생각한다.
- 주변 사람들의 다양한 의견들로 인해 그때그때 결심이 흔들린다.

두려움을 감추려는 리더의 실수

두려움이라는 감정은 인간이 외부의 모든 위험요소를 미리 감지하고 피함으로써 생존율을 높여주는 본능적인 기제라고 할 수 있다. 두려움이 너무 없고 늘 모험을 감행하는 사람은 위험에 처할 가능성이 더 높다.

리더는 매 순간 위기의 위험을 관리해야 하는 사람이다. 그러므로 두려움에 직면하여 그것을 어떻게 뛰어넘느냐에 따라 리더의 역량을 가늠할 수 있다. 마치 능숙한 서퍼가 파도를 타넘듯이 두려움을 뛰어넘는 리더는 위기관리에 능한 리더다. 반면 위험과 실패에 대한 두려움에 사로잡혀 판단력이 흐려지거나 아무것도 시도하지 않거나 우유부단하게 행동하는 리더는 두려움이라는 감정의 오류에 빠진 리더라 할 수 있다.

두려움을 관리하지 못하는 리더는 리더로서의 자신감을 잃은 사람이다. 매사에 부정적이고, 위험요인을 실제보다 과장해서 해석한다. 또 조직의 다른 구성원들의 이야기를 전혀 듣지 않거나, 혹은 반대로 남의 의견에 지나치게 의존하여 자신만의 결단력을 발휘하지 못하기도 한다.

이러한 리더에게는 한두 번의 실패 경험이 두려움의 원인이 된다. 자신의 잘못된 결정으로 조직에 피해를 입히고 실패에 이르렀다는 열패감과 두려움에 사로잡힌 나머지 그 후로도 이성적인 결정을 하지 못한다.

두려움의 오류에 빠진 리더는 자신의 약한 모습을 감추기 위해 왜곡된 방식을 택하기도 한다. 구성원들에게 사실을 알리지 않거나, 사실을 일부만 전달하거나, 진실을 은폐하는 것이 대표적인 예다. 중요한 정보를 차단하거나 은폐하여 구성원들의 눈을 가림으로써 자신만의 정보 권력을 구축한다. 중요한 결정을 내려야 할 때 여러 구성원들과의 협력을 통해 다양한 의견을 모으는 것이 아니라 혼자만의 힘으로 해결하려 한다. 협력하는 과정에서 자신의 두려움이 발각될지도 모른다고 생각하기 때문이다. 이런 리더는 겉으로는 독단적으로 보일 수 있지만 사실은 불안에 휩싸여 있는 경우가 많다.

혹은 다른 사람을 제대로 믿지 못하여 구성원이나 동료를 자신의 이익을 위한 수단으로써만 여기고 그때그때 소모적으로 사용하고 버리기도 한다. 구성원들에게 자신의 진심을 내보이지 않고 계산에 따라 움직이며 정치적인 관계만 맺는다. 사람의 배신에 대한 지나친 두려움으로 인해 진정한 '자기 사람'을 만들지도 못한다. 리더십에 대해 자신감이 없고 관계나 결과에 대한 두려움을 감추고 있는 리더일수록 이러한 방식을 취할 수 있다.

두려움을 제어하는 능력

과거 카메라 필름 분야에서 전 세계적으로 독보적인 위치에 있던 코닥은 2012년에 파산신청을 하며 역사의 뒤안길로 사라졌다. 아날로그 시대가 가고 디지털 카메라 시대가 도래하면서, 디지털 신기술을 선보이는 쟁쟁한 기업들과의 경쟁에서 밀린 것이다.

그러나 원래 디지털 방식의 사진 기술을 처음으로 개발한 기업은 다름 아닌 코닥이었다고 한다. 그럼에도 불구하고 코닥이 경쟁에서 밀린 것은 두려움 때문이었다. 그것은 새로운 디지털 기술로 인해 기존의 자사의 아날로그 필름 판매율이 떨어질 것에 대한 두려움이었다. 새로운 변화를 읽어내고 선도하는 것에 대한 저항과 두려움이 세계 굴지의 기업을 역사 속으로 사라지게 했다. 이처럼 두려움은 더 나은 발전과 혁신을 가로막는 가장 큰 원인이며, 리더의 두려움이 한 조직의 운명을 결정하기도 한다.

모든 리더는 위험과 실패, 불확실성에 대한 두려움을 숙명적으로 안고 가야 한다. 틀린 판단일지도 모른다는 두려움, 해결책을 찾지 못할 것에 대한 두려움, 나약한 모습을 보일 것에 대한 두려움, 약점을 들킬 것에 대한 두려움, 자신의 실수로 인해 모든 것을 망칠 수도 있다는 두려움, 시장을 제대로 읽어내지 못하는 것에 대한 두려움을 모든 리더가 가지고 있다.

두려움에 빠진 리더는 자신의 잠재력을 제대로 펼치지 못하고, 개혁보다는 제자리에 안주할 것을 택하고, 발전이 아닌 현상유지에 만족한다.

그러나 두려움을 효율적으로 활용하기만 한다면 오히려 리더십 역량을 한 단계 업그레이드하고 조직 발전의 획기적인 기회로 만들 수도 있다. 리스크 요인을 정확히 직시하기 위한 적정 수준의 두려움은 리더와 조직에 긍정적인 자극이 되고, 리더가 오만함에 빠지는 것을 예방한다. 두려움에 잠식당하는 것이 아니라 두려움을 발전의 발판으로 삼는다면 리더의 격을 올릴 수 있을 것이다.

격 있는 리더를 위한 제안

- 새로운 것에 대한 두려움이 느껴질 때야말로 낡은 방식에서 벗어나 변화를 단행할 때다.
- 행여 실패할 것에 대한 두려움이 있더라도 다음의 도약을 위한 필연적인 배움의 기회로 만들 수 있다.
- 두려움을 회피하지 말고 직시하여 거기에서 무엇을 얻을 것인지를 궁리한다.
- 실패에 대한 예감으로 인해 두렵다면 조직의 역량을 최대로 가동하여 실패에 대한 구체적인 대책을 세우고, 최선의 방법을 찾고, 최선이 어렵

- 다면 차악의 해결책을 찾는 기회로 활용한다.
- 위험한 상황이 닥쳤을 때일수록 리더 혼자 해결하려 하지 말고 구성원들이 각자의 잠재력을 최대한 발휘할 수 있도록 협력을 호소하며 독려한다.
- 최선을 다한 결과 실패를 하더라도 결과 자체에 깨끗이 승복하며, 리더 자신과 조직에게 좋은 경험이 되었음을 받아들인다.
- 두려움을 대처하는 과정을 통하여 리더 자신의 장단점, 리더가 이끄는 조직과 구성원들의 장단점을 발견하고 부족한 점을 개선할 수 있는 자료로 활용한다.

오류에 빠진 리더를 위한 체크리스트

- 권위가 있는가, 권위주의에 젖어 있는가?

▶ '권위' 있는 리더는 효율적인 리더십 역량과 구성원의 진심 어린 존경을 얻는 리더다. 그러나 '권위주의'에 빠진 리더는 타성에 젖어 있으며 권력을 악용해 구성원을 일회용 기계 부품처럼 다룬다.

- 존중하는가, 강압(협박, 위협)하는가?

▶ 격 있는 리더는 권력의 힘을 이용해 위협적인 분위기를 만들지 않고, 구성원의 인권과 권리를 존중하며 잠재력을 발휘하게 한다.

- 힘을 나눠주는가, 힘으로 억누르는가?

▶ 리더의 명령과 지시에 무조건 따르게 하기 위해 구성원을 힘으로 억누르는 방식은 조직폭력배의 지배방식과 다를 바가 없다.

- 희망을 주는가, 절망을 주는가?

▶ 격 있는 리더는 미래에 대한 비전을 주고 구성원 모두의 성장 가능성을 일깨운다. 역량 없는 리더는 미래에 대한 절망을 주고 구성원에게 패배감을 안겨준다.

- 구성원이 존경하는가, 복종하는가?

▶ 격 있는 리더는 구성원들이 마음으로부터 그를 사람 자체로 존경한다. 역량 없는 리더는 구성원들이 겉으로만 복종할 뿐 존경은 하지 않는다.

- 이야기하는가, 호통 치는가?

▶ 격 있는 리더는 대화를 즐기고 경청하며 이야기를 나눈다. 역량 없는 리더는 목소리 높여 일방적으로 호통을 치는 데서 그친다.

- 숲을 보는가, 나무만 보는가?

▶ 격 있는 리더는 장기적인 비전, 청사진, 큰 그림, 숲 전체, 맥락 전체를 본다. 그러나 역량 없는 리더는 눈앞의 것, 당장의 위험요소, 외부환경의 한 부분, 그림의 일부, 나무 한 그루만 본다.

- 책임지는가, 책임을 전가하는가?

▶ 격 있는 리더는 자신의 말, 행동, 결정에 끝까지 책임을 진다. 역량 없는 리더는 자신의 말, 행동, 결정의 결과 중 자신에게 유리한 것만 자신의 공으로 차지하고 불리한 것은 아랫사람이나 다른 구성원에게 책임을 떠넘긴다.

- 공을 인정하는가, 축소하는가?

▶ 훌륭한 리더는 구성원이 성과를 냈을 때 크든 작든 그 공을 인정하고 보상을 한다. 역량 없는 리더는 구성원이 성과를 보여도 인정해주지 않고 모른 척하거나 자기 것으로 빼앗아간다.

- 약점을 승화시키는가, 약점을 숨기는가?

▶ 진정한 리더는 인간적인 약점을 오히려 매력과 장점으로 승화시킨다. 역량 없는 리더는 약점을 숨기기 위해 전전긍긍하며 권력을 방패삼아 다른 사람을 이용한다.

- 알려주는가, 비난하는가?

▶ 구성원이 잘못을 했을 때, 격 있는 리더는 당사자를 비난하는 것이 아니라 무엇이 잘못되었는지 정확한 정보와 사실을 알려주고 잘못을 수정하고 개선하기 위해 논의한다. 그러나 역량 없는 리더는 사람 자체를 비하하고 비난하고 지적하는 데 그친다.

- 토론하는가, 싸우는가?

▶ 리더는 이성적이고 역동적인 토론을 즐겨야 한다. 그러나 역량 없는 리더는 이성을 잃고 싸움을 벌이며, 모든 싸움에서 이기기 위해 수단 방법을 가리지 않는다.

- 일관적인가, 변덕스러운가?

▶ 역량 없는 리더일수록 감정기복이 심하고, 변덕스러우며, 말과 행동의 일관성이 없어 주변 사람들을 불안하고 짜증스럽게 만든다. 감정과 언행의 일관성이 떨어지는 리더는 구성원에게 불신과 불안의 에너지를 전달한다.

- 비판을 환영하는가, 비판에 발끈하는가?

▶ 격 있는 리더는 자신에 대한 반대의견이나 비판의 목소리를 오히려 환영하고 적극적으로 들으려 한다. 그러나 역량 없는 리더는 듣기 좋은 이야기만 들으려 하며 조금이라도 반대하는 의견에는 감정적으로 화를 낸다.

5장

격 있는 리더가 되기 위한 7단계 프로세스

[1단계] 내려놓기

- 외부의 목소리가 아닌 내면의 목소리를 듣기
- 권력이 주는 힘이 아닌 온전한 자기 자신의 힘 깨닫기
- 힘을 내려놓을 때 더 강한 힘을 얻을 수 있다

내려놓을 때 빛난다

리더의 삶은 하루하루가 긴장과 도전의 연속이다. 그의 결정에 많은 사람들의 삶이 달라지기도 하고, 한 번의 실수가 돌이킬 수 없는 결과를 야기하기도 한다. 도전정신과 야망이 큰 만큼 실패에 대한 두려움을 늘 감당해야 하고, 항상 다른 사람들의 목소리나 시선에서 자유롭지 못하다.

이처럼 위험한 외줄타기를 하는 것 같은 나날을 보내는 리더에게 부와 권력, 지위가 안겨주는 힘은 더할 나위 없이 유혹적이다.

자신을 따르는 팔로어들과, 자신에게 찬사를 보내는 추종자들의 목소리에 더 귀를 기울이고 싶어지고, 비판하거나 반대하는 목소리로부터는 고개를 돌리고 싶어진다.

리더는 공적인 힘의 중심 위치에 굳게 발을 딛고 서서 균형감각을 잃지 않아야 하는 존재다. 그러나 리더가 이 균형감을 조금이라도 잃어버리면 '사람으로서의 욕심'을 부리게 된다. 리더의 지위로 인한 일시적인 힘과 기득권과 권위를 마치 자신의 전지전능함으로 인해 태어날 때부터 부여받은 것처럼 착각하고, 공공을 위해서가 아니라 개인의 욕망을 채우기 위한 수단으로 그 힘을 사용하게 된다.

그래서 수많은 리더들이 권력을 남용하고, 사리사욕을 채우고, 비정상적으로 부를 축적하고, 리더의 지위에 오르지 않았다면 하지 않았을 많은 일들을 저지르기도 한다. 그럼에도 불구하고 한동안은 권력을 독점하고 더 많은 것을 요구한다.

리더는 눈에 보이는 성공을 거두고 싶어하고, 사람들의 이목을 끌고 싶어하고, 많은 사람들의 동경을 받고 싶어한다. 그러나 이러한 것들에 도취될 때 그 리더가 가진 힘은 위험한 무기가 된다.

리더가 꿈꾸는 것, 리더의 계획과 비전, 리더의 성취 욕망이 많은 사람들을 위한 것인지, 개인을 위한 것인지 내면의 목소리를 들으며 점검해볼 필요가 있다.

중심을 잃지 않으려면

힘을 휘두르다가 더 강한 힘에 의해 축출되는 리더가 될 것인가, 그 모든 힘을 감당할 수 있는 리더가 될 것인가?

리더는 사람들을 조종해 복종을 이끌어내는 사람이 아니라, 자신의 내면을 조절하여 다른 사람들에게 복종할 수 있는 사람이다. 스스로 중심을 지키고 이성과 감성, 욕망과 절제 사이의 균형 감각을 잃지 않는다는 것은 곧 사람들의 마음을 얻는 것과 같다. 외적인 복종을 요구하는 리더는 언제라도 자신의 힘을 완전히 잃을 수 있지만, 마음을 얻은 리더는 권력이나 지위를 잃더라도 언제든지 다시 일어설 수 있다.

사람의 마음을 얻기 위해 리더는 때로는 자신을 낮추고, 가장 낮은 자리에 엎드리며, 자신을 내려놓고 희생할 수 있어야 한다. 특별한 혜택을 거부할 수 있는 의지, 다른 사람들을 위해 행동할 수 있는 용기, 내 것을 다 내어줄 수 있는 마음, 포기하기 싫은 것을 포기할 각오 등이 바로 내려놓기의 본질이다.

리더는 리더이기 전에 사람이다. 사람이 가진 힘은 어떤 경우든 무한하지 않으며, 내가 강한 힘을 가졌을 때 누군가는 나보다 더 강한 힘을 가지고 있음을 알아야 한다. 성공이든, 지위든, 돈이든, 권력이든, 지금 이 순간 손에 쥔 모든 것은 언제든지 손가락 사이로 빠져나갈 수 있음을 깨달을 필요가 있다.

그러므로 지금 가지고 있는 힘을 지키기 위해 모든 에너지와 시간을 다 쓰지 말고, 자신의 내면을 들여다보는 시간을 가져야 한다. 양심의 목소리에 귀 기울이고, 지위 고하를 막론하고 다른 모든 사람의 가치를 소중히 여기고, 비판하는 목소리에서 고개를 돌리지 말고, 지금의 선택을 마음의 목소리도 지지하고 있는지를 돌아보아야 한다.

리더십의 격을 올리기 위해서는 그동안 움켜쥐고 있었던 모든 것을 내려놓을 필요가 있다. 기득권을, 힘을, 권력을 내려놓을 수 있다는 각오를 하고 언제든 맨 처음의 출발선으로 되돌아갈 수도 있는 가능성을 염두에 둘 때, 그 리더의 힘은 오히려 더 강해지고 공고해진다.

[2단계] 솔선수범하기

- 리더의 진정한 힘과 권위는 솔선수범에서 나온다
- 위기상황에서 버텨주며 발 벗고 나서기
- 리더는 권리에 비례해 의무를 짊어지는 사람

솔선수범, 가장 강한 칼

오늘날 한국 사회는 책임지지 않는 리더, 앞장서지 않는 리더, 솔선수범하지 않는 리더에게 큰 피로감을 느끼고 있다.

침몰하는 배와 승객들의 목숨을 마지막까지 책임져야 하는 선장이 그 책임감을 저버리는 모습은 한국인의 뇌리에 깊이 각인되었다. 그리고 이러한 이미지가 하나의 사건에 그친 것이 아니라 사실은 사회 전반에 고루 퍼져 있다는 것에 대해 커다란 환멸과 실망을 느끼고 있는 것이다.

리더가 된다는 것은 어쩌면 '모든 것을 책임지는 자'가 된다는 것과 같은 말이라고 할 수 있다. 다른 사람들을 책임진다는 것은 뭔가가 잘못되거나 위기에 처했을 때 그 모든 짐을 리더가 진다는 뜻이다. 말하자면 방패막이 혹은 버팀목 같은 역할을 하는 것이다.

리더라는 자리는 언뜻 보면 많은 권리를 가진 자리로 보이기 쉽다. 특권과 특혜를 남들보다 많이 받는 것처럼 보일 수도 있다. 그러나 뒤집어 말하면 리더가 가진 권리란 그만큼의 책임을 진다는 뜻이기도 하다. 특혜를 받거나 편의를 제공받는 부분이 있다면 그에 따르는 대가를 치러야 한다는 뜻이다. 대가란 다름 아닌 리더가 수행해야 하는 수많은 책무와 책임, 구체적으로 말하면 모든 일에 제일 먼저 발 벗고 나서는 '솔선수범'의 자세와 그것을 실천하려는 의지다.

리더가 아무리 강한 권력을 가지고 있다 할지라도 권력 자체가 리더에게 진정한 힘을 실어주지는 못한다. 권력이 일방적인 힘의 행사에 그친다면 아무도 그 리더를 마음으로 따르지 않을 것이다. 리더가 가진 권력의 근본적인 힘은 '저 리더가 우리와 함께할 것이다'라는 사람들의 믿음, 즉 '저 사람이 우리의 미래를 책임질 것이다'라는 믿음에서 나온다.

리더는 급한 일이 닥쳤을 때는 가장 먼저 발 벗고 뛰어야 하고, 때로는 리더의 지위로서 하지 않아도 되는 업무들을 처리해야 할 수도 있으며, 지저분한 상황에서 가장 먼저 손을 더럽혀야 할 수도 있다. 구성원이 저지른 사고에 대해 뒤치다꺼리를 해야 할 수도 있고, 구성원이 잘못된 행동을 했을 때도 끝까지 보호해야 할 수도 있다.

이것은 구성원들의 모든 과오를 덮어주어야 한다는 뜻이 아니다. 구성원이 부당하거나 부도덕한 행동을 했을 때 그것을 감춰야 한다는 뜻도 아니다. 리더가 구성원들을 책임진다는 것은 구성원들 역시 자신의 판단과 행동에 대해 스스로 책임지게 한다는 뜻이다. 그러한 마인드를 가능하게 하는 것이 리더의 솔선수범이다. 책임지고 솔선수범하는 리더의 모습을 통해 구성원들도 리더와 닮은 또 하나의 리더들이 되게 하는 것이다.

리더의 솔선수범이 미치는 영향력

리더는 문제가 발생했을 때 제일 먼저 '내가 책임지겠다' 라고 말하며 해결을 위해 행동을 시작하는 사람이다. 솔선수범의 구체적인 방법에는 다음과 같은 것들이 있다.

- 다른 사람들을 질책하기 전에 자기 자신을 질책하라.
- 구성원들에게 사과를 요구하기 전에 리더가 먼저 구성원들에게 사과하라.
- 실패의 결과에 대해 즉각 인정하는 태도를 보여라.
- 구성원이 안 좋은 결과를 보고했을 때 그 자리에서 그 사람 자체를 비난하거나 감정적으로 격앙되지 말라.
- 다른 사람을 야단치고 탓하고 화를 내는 시간을 줄이고, 그 대신 문제의 해결책을 모색하는 시간을 늘려라.
- 평소 말과 행동의 괴리가 없게 하라. 겉으로는 수용하는 듯하면서 실제로는 구성원에게 불이익을 주거나 처벌을 하는 등 이율배반적인 행동을 하면 구성원들은 그 리더를 '믿지 못할 사람'으로 느낀다.
- 구성원들에게 자신의 장점보다 단점과 부족함을 솔직하게 이야기하라.
- 모든 문제의 책임을 리더 자신이 지되, 문제를 해결할 때는 구성원의 협력과 조력이 반드시 필요함을 호소하라.
- 리더가 입으로(말로), 문서로, 공식적으로, 비공식적으로 하는 모든 약속은 반드시 지킨다는 것을 증명하라.

위와 같은 사항들은 어쩌면 모든 리더들이 머리로는 잘 알면서 막상 실천을 하기는 결코 쉽지 않을 수도 있다.

리더가 책임을 지고, 먼저 나서서 해결하려 하고, 먼저 사과하고, 때로는 다른 구성원들과 동등한 위치에서 발로 뛰며 행동하는 것은 궁극적으로 사람들로 하여금 '우리의 리더는 진실한 사람이다, 우리의 리더는 믿을 수 있는 사람이다'라고 느끼게 만들 것이다. 이러한 모습이 마음에 와 닿을 때 구성원들은 리더를 '권력자'로, '지위 자체'로 보는 것이 아니라 피와 살을 가진 숨 쉬는 '사람'으로 본다. 리더에 대한 절대적인 신뢰와 호감은 구성원들이 리더를 이러한 '사람'으로 느낄 때 단단해진다.

결국 리더가 솔선수범을 한다는 것은 '성실하고 진실한 사람'이 되는 것이다. 성실한 사람이기에 믿을 수 있다는 것, 성실한 사람이기에 언제나 앞장서서 책임을 질 거라는 것, 성실한 사람이기에 저 모습이 변하지 않을 것임을 구성원들의 마음에 각인시키는 것이다.

구성원들의 머리와 몸이 아닌 마음을 움직일 수 있을 때 리더의 영향력은 몇 배로 증폭된다. 그리고 그러한 구성원들 하나하나가 모여 리더의 비전을 실현시켜줄 것이다.

[3단계] 인재의 등용

- 재산을 축적하는 대신 인재를 축적한다
- 리더의 경쟁력은 그가 데리고 있는 인재의 경쟁력
- 리더의 역량은 '사람 보는 눈'

정말 쓸 만한 사람이 없는가?

빌 게이츠는 "리더는 타인에게 능력을 부여하는 사람"이라 했고, 리 아이아코카는 "경영이란 타인에게 동기를 부여하는 게 전부"라고 말했다. 세계적인 리더와 경영 전문가들이 리더십을 이야기할 때 필수적으로 강조하는 것은 이처럼 리더의 인재 등용 능력과 구성원에 대한 동기부여 능력에 관한 것이다.

"사람들이 잠재력을 발휘하도록 지원하고, 그들이 잘하는 순간을 포착하라"라고 한 켄 블랜차드의 말처럼, 리더 자신의 능력도 중요하지만 그보다 더 중요한 것은 자신이 데리고 있는 구성원들이 각각 능력을 발휘하고 잠재력을 꺼낼 수 있도록 하는 능력이다.

리더는 어찌 보면 인재를 찾고 발굴하는 사람이자, 자신이 찾아낸 인재를 최고의 실력자로 키워내는 사람이다. 진흙에서 보석을 찾는 것처럼 항상 매의 눈을 하고 다른 사람들이 보지 못하고 지나치는 '미세한 반짝임'을 예리하게 포착하는 것이 리더의 역할이다.

따라서 어떤 리더가 개인적인 능력은 특출하지만 사람을 발굴하고 키우는 남다른 안목이 없다면 사실상 리더의 역할을 제대로 하기는 어렵다고 할 수 있다. 리더로서 자질이 있느냐 없느냐, 혹은 격이 있는 리더냐 아니냐는 결국 '인재 등용 능력'에 달려 있다.

리더들 중에는 "쓸 만한 사람이 없다"라고 푸념하는 사람들이 적지 않다. 그러나 쓸 만한 사람이 없는 것이 아니라, 쓸 만한 사람을 리더가 못 보고 못 찾은 것이다. 인재가 없는 것이 아니라, 인재를 발견하지 못한 것이다. 이 말은 리더 자신의 부족한 안목을 일컫는 자승자박의 말이나 다름없다.

리더로서 자신이 거느릴 사람들을 발견하고, 선발하고, 그 사람들을 조직을 위해 활용한다는 것은 공장에서 기계 부품을 사용하는 것과 다르다. 부려먹는 것이 아니라 대우하는 것이고, 사용하는 것이 아니라 대접하는 것이다.

격 있는 리더십은 여기에서 더 나아가 리더가 선발하고 거느린 인재들이 자발적으로 리더를 인정하고, 따르고, 리더의 비전과 목표에 공감하게 하는 것이다. 시켜서 일을 하는 것이 아니라 자신들이 원해서 일하도록 만드는 것이며, 각자의 역량과 적성에 가장 잘 맞는 최적의 임무를 맡겨 자신의 존재 가치를 느끼게 하는 것이다. 따라서 격 있는 리더가 되기 위해서는 새로운 인재를 찾고 뽑는 시스템을 활성화시켜야 할 뿐만 아니라 기존의 인재들을 성장시킬 수 있는 시스템도 발전시켜야 한다.

인재를 키우기 위해 리더가 알아야 할 것

1. 구성원의 업적을 치하하고 보상하라

많은 리더들이 의외로 보상과 인정을 제대로 하지 못한다. 인정보다 질책을, 칭찬보다 꾸중을 하며 잘한 것보다 잘못한 것을 들춰내는 경우가 많다. 당근과 채찍 중에 채찍만을 휘두르는 것이 리더의 본질이라고 생각하는 것이다. 그러나 격 있는 리더는 구성원이 맡은 일을 하는 것을 넘어서서 현재의 역량을 뛰어넘을 수 있도록 환경을 만들어준다. 여기서 환경이란 '물리적 환경' 뿐만 아니라 금전, 직위 면에서 성과를 인정하고 보상해주는 '제도로서의 환경' 과, 구성원이 자신의 업적을 인정받음으로써 느끼는 '심리적 환경' 을 포함한다. 공개적으로 당사자에게 감사와 치하의 표현을 하거나, 진심을 담은 칭찬과 격려의 말을 직접 전하는 등 노력의 가치를 인정받는다는 가장 인간적인 '보람' 을 느끼게 하는 것이 리더가 구축해야 하는 기본적인 환경이다.

2. 스스로 먼저 일하게 하라

격 있는 리더는 자신이 데리고 있는 인재가 자신의 단점보다 잠재력을 발견하게 하고, 현재보다 미래를 보게 하고, 궁극적으로 자신의 임무에 대한 의욕을 느끼게 해야 한다. 즉 타율성이 아닌 자율성이 모든 인재들의 내면에서 활성화되게 하는 것이다.

마지못해 일하는 것이 아니라 하고 싶어서 일하게 하고, 지시를 받았기 때문에 일하는 것이 아니라 그 일이 자신의 발전에 도움이 되기 때문에 스스로 일하게 하는 것이다. 조직의 비전만이 아니라 구성원 개인의 비전이 조직 안에서 탄력을 받도록 자부심을 갖게 하고, 더 큰 목표를 바라보게 하고, 그 목표를 달성할 수 있다는 믿음을 주는 것이다.

3. 성장할 기회를 주라

리더가 좋은 인재를 등용하여 성장시키는 과정에서는 어쩔 수 없이 많은 시행착오가 발생한다. 어린 아이들이 키가 크기 위해 성장통을 앓는 것처럼, 좋은 인재란 아무런 단점이나 시행착오 없이 기계적으로 발전하는 것이 아니라 실수와 퇴보를 되풀이하는 과정 속에서 점진적으로 발전한다. 중요한 것은 그가 성장할 수 있는 텃밭을 리더가 가꿔주는 것이다. 실패의 경험을 통해 발전할 수 있도록, 실수의 경험을 통해 자신을 제대로 발견할 수 있도록 기회를 주는 것이 리더가 할 일이다.

무조건 용서하고 묵인하는 것이 아니라, 자신의 실패를 통해 성장할 수 있는 시간을 주고, 실수를 만회할 수 있는 적절한 기회를 주어야 한다. 최소한의 기회도 허용되지 않는다면 아무리 뛰어난 인재라도 싹을 제대로 틔우기 어려울 것이다.

4. 리더보다 뛰어난 인재로 키워라

어떤 리더들은 자신보다 능력이 뛰어난 사람을 인정하지 않거나, 아예 등용하지 않거나, 혹은 그 사람의 업적을 자기 업적인 양 빼앗아감으로써 인재의 의욕을 떨어뜨리고 모든 구성원들로 하여금 리더에 대해 배신감을 느끼게 만든다.

'좋은 리더는 사람들의 장점을 키워주지만 나쁜 리더는 장점을 짓누르고 단점을 키워준다' 라는 말이 있다. 구성원들 중에 자신보다 능력이 뛰어난 사람이 있다면 자격지심을 느끼지 않고 오히려 그 사람이 최대한 능력을 발휘하도록 키워주는 것이 격 있는 리더의 모습이다.

5. 현재에 행복감을 느끼게 하라

발전하는 조직은 구성원들이 업무 환경에서, 복지에서, 자신의 삶에서 행복감을 느끼는 조직이다. 인재를 등용하는 것도 중요하지만 그 인재가 동기부여와 행복감, 가치감을 느끼지 못한다면 그는 언젠가 리더에게서 마음을 돌리고 조직을 떠날 것이다. 구성원들이 현재에 만족하고 미래에 희망을 느끼게 하는 것은 경영에서 가장 신경 써야 할 부분이다.

6. 불공정한 경쟁 구도를 막아라

구성원들 중에는 경쟁에서 이기기 위해, 혹은 리더의 권력에 영합하기 위해 편법을 쓰거나 규칙을 어기는 등 소위 '페어플레이'를 하지 않는 경우도 있다. 이런 경우 리더는 개인의 일탈을 문제 삼기 이전에 자신이 경영하는 조직 자체에 불공정한 경쟁 구도를 허용하는 허점이 있지 않았는지를 다시 점검해야 한다. 리더가 그 허점을 발견하지 못하고 고치지 못한 채 계속 굴러가는 조직은 언젠가는 더 큰 균열이 생겨 붕괴되기 마련이다.

7. 떠날 때는 보내주어라

인재를 발굴하고 등용하고 성장시키는 타이밍이 있는가 하면, 그 인재를 떠나보내야 하는 타이밍도 있다. 구성원이 떠나는 이유에는 여러 가지가 있을 수 있다. 만약 리더 혹은 그 조직의 근본적인 문제점으로 인해 사람들이 떠나는 사례가 반복된다면 리더 자신과 조직을 재정비해야 한다는 뜻이다.

만약 구성원이 더 나은 조건(연봉, 환경 등)을 찾아 떠나는 것이라면 그것은 모든 리더와 팔로어의 필연적인 과정이다. 떠날 때는 떠나보내되 끝까지 예우하고 리더로서 신의를 지키는 것이 리더의 도리다.

[4단계] 커뮤니케이션

- 머리보다 가슴, 말보다 태도로 먼저 소통하기
- 활발한 커뮤니케이션의 장과 기회 조성하기
- 제대로 듣고, 제대로 말하고, 제대로 이해하기

격 있는 리더의 중심 척도

리더에는 여러 유형이 있지만, 크게 두 범주로만 나눈다면 '커뮤니케이션을 잘하는 리더'와 '커뮤니케이션이 단절된 리더'로 나눌 수 있다. 그만큼 커뮤니케이션 능력은 격이 높은 리더와 낮은 리더를 구분하는 지표이자 척도다.

커뮤니케이션을 잘하는 리더는 구성원들과의 대화, 소통, 유대관계를 관리하는 데 능하다. 반면 커뮤니케이션이 단절된 리더는 대화보다는 지시와 명령, 소통보다는 감독과 통제를 중시한다.

예전의 리더들은 대개 커뮤니케이션보다는 힘, 독단, 통제력을 더 중시하고 그러한 능력에 기반을 둔 리더십을 바람직한 것으로 여긴 경우가 많았다. 그러나 요즘에는 커뮤니케이션이 잘 되지 않는 리더를 훌륭한 리더로 여기거나 그런 사람을 기꺼이 따르려는 이들은 별로 없다.

한국 사회에서도 대체로 기성세대보다는 젊은 세대일수록 리더의 커뮤니케이션 스킬을 중요시하는 경향이 있다. 즉 '말이 안 통하는 리더'는 능력과 상관없이 이제 좋은 리더로 평가받을 수 없다. 이 시대의 '불통의 리더십'에 대한 불만의 목소리와 비판의 여론이 높은 것은 리더십의 여러 요소 중 요즘 사람들이 무엇을 중요시하고 있는지를 보여준다.

커뮤니케이션 능력에는 여러 가지가 있다. 대화의 기술, 타인에 대한 공감지수, 평소의 언행과 표현방식, 공식적이고 비공식적인 소통의 통로, 즉각적인 피드백 여부, 갈등 해결 방식, 구성원들의 이야기를 경청하는지 여부 등 다양한 부분에서 리더의 커뮤니케이션 능력을 판단할 수 있다.

그밖에도 회의를 여는 방식과 회의 진행 스타일, 보고를 받는 스타일, 전화를 받거나 이메일을 주고받을 때의 습관, 회식 스타일 등 수많은 요소에서 리더의 커뮤니케이션 방식과 특징을 알 수 있다.

리더의 커뮤니케이션 능력이 가장 빛을 발하는 순간은 갈등과 위기 상황이다. 서로 다른 의견을 조율하고 차이를 좁히며, 긴박한 상황에 유연하게 대처하고, 긴장되는 순간일수록 여유를 갖게 하는 것은 리더의 커뮤니케이션 능력에 달려 있다.

머리가 아닌 가슴으로 소통하려면

대화, 소통, 공감을 포함한 커뮤니케이션 기술을 하루아침에 키울 수 있는 것은 아니다. 커뮤니케이션이란 리더 본인의 성격 특성 및 인생관이나 세계관과도 직결되는 것이기 때문에 다른 어떠한 역량보다도 자신의 꾸준한 노력과 개선 의지가 요구된다.

그래서 리더들 중에는 겉으로는 소통을 지향한다고 하면서 사실은 다른 사람들의 말을 제대로 안 듣거나 대화를 제대로 하지 않는 이들도 많다. 리더 자신은 커뮤니케이션을 잘한다고 생각하지만, 주변의 모든 사람들은 그를 '불통의 리더'라 여긴다. 겉과 속이 다른 리더, 자신의 생각과 타인의 평가가 다른 리더는 소통을 머리로만, 이성으로만 하려 하기 때문이다. 그러나 소통은 마음을 열고 가슴으로 다가갈 때 비로소 이뤄질 수 있다. 마음을 열지 않은 채 권위주의를 그대로 품고 하는 어설픈 소통은 오히려 리더십의 질을 떨어뜨리기도 한다.

가슴으로 하는 소통, 감정에 솔직한 대화, 감성적 커뮤니케이션을 하기 위해서는 스킬을 익히기 전에 다음과 같은 점들을 점검할 필요가 있다.

1. 자신의 감정이 무엇인지 제대로 알고 있는가?

사람들은 누구나 자신의 감정을 잘 안다고 생각하지만, 실제로는 잘못 알고 있는 경우가 많다. 슬픔, 분노, 질투, 시기, 기쁨, 억울함 등 그때그때 본인의 감정이 무엇인지, 있는 그대로 바라보고 인정하고 자신의 감정에 대해 솔직해져야만 비로소 타인들에게도 마음을 열 수 있다.

2. 때로는 자신의 감정을 타인과 나누는가?

흔히 리더는 자신의 감정을 절제하고 남 앞에서 숨겨야 한다고 생각하는 경우가 많다. 그러나 리더의 격을 한 단계 높이기 위해서는 무조건 감정을 절제하는 것보다는 때로 솔직하게 드러냄으로써 인간으로서의 진실성과 진솔함을 구성원들과 공유하는 여유가 필요하다. 많은 리더들이 자신의 감정을 은폐하고 속이거나, 혹은 절제 없이 배설하듯 드러내는 양극단의 모습을 보인다. 감정을 나눈다는 것은 변덕스러운 감정 기복을 있는 그대로 쏟아내는 것이 아니다. 적절한 타이밍에 감정을 진실하게 드러냄으로써 사람들에게 더 가까이 다가가며 바람직한 커뮤니케이션을 할 수 있다.

3. 상대방의 감정을 이해하기 위해 노력하는가?

커뮤니케이션을 잘하는 리더가 되기 위해서는 타인을 이해하고 공감하고자 하는 노력과 태도가 반드시 필요하다. 리더 자신의 감정을 알고 적절히 드러내는 것만큼 중요한 것은 타인의 입장, 감정, 기분을 모든 상황에서 제대로 이해하는 것이다. 리더의 말과 행동으로 인해 구성원들이 어떤 기분일지, 진정으로 받아들이고 있는지, 난감해하거나 불편해하고 있지 않은지 알 수 있어야 한다.

커뮤니케이션 스킬을 향상시키기 위해 알아둘 것

- 들을 때는 제대로 들어라

사람들은 타인과 대화를 할 때 제대로 듣지 않는 경우가 태반이다. 귀로는 듣지만 그 의미와 의도, 행간을 이해하려 하지 않고 집중하지 않은 채, 자신은 상대방의 이야기를 들었다고 착각하는 것이다. 역량 있는 리더는 제대로 잘 듣는 리더라 할 수 있다. 듣는다는 것은 결국 인간관계에서의 '태도'를 뜻한다. 리더의 듣는 태도는 커뮤니케이션 스킬을 향상시키기 위한 첫 걸음이자 그 조직의 발전 가능성과도 직결된다.

- 마음을 열고 소통하라

모든 조직이나 집단에서 구성원들이 리더에게 가장 원하는 것은 리더와의 소통을 통한 심리적 안정감이다. 사람들이 안정감과 신뢰감을 갖게 하려면 마음으로 소통하는 리더의 자세가 반드시 전제되어야 한다. 때로는 구성원의 반응이 부정적이거나 반대의견이 많을지라도 열린 마음으로 소통하는 리더의 태도는 모든 것을 달라지게 할 수 있다.

- 커뮤니케이션을 할 수 있는 환경을 만들어라

소통이란 리더 한 사람의 기분이나 의지만으로 잘 되는 것이 아니다. 그 조직의 시스템과 구조, 환경이 상호 커뮤니케이션의 기회와 장을 제대로 조성해줄 수 있어야 비로소 사람들의 목소리를 제대로 들을 수 있다. 자유로운 발언, 의견 개진, 이의 제기를 할 수 있는 기회와 발언권을 리더가 보장해주어야 한다.

- 피드백을 받아라

오는 것이 있으면 가는 것이 있어야 하고, 내가 이야기를 했으면 상대방의 이야기를 들어야 하며, 뭔가를 지시하고 하달했다면 그에 대한 반응이 무엇인지를 확인해야 한다. 대화에서, 업무에서, 평소의 상호작용에서, 리더는 반드시 구성원들의 피드백을 체크하고 개선점을 찾아 수정해야 한다.

- 일관성을 유지하라

대화의 창구를 열어놓고는 유야무야하는 것, 말로는 괜찮다고 하면서 속으로는 비난을 하거나 불이익을 주는 것, 반대의견을 내놓아도 된다고 하면서 사실은 아무도 말할 수 없는 분위기를 조성하는 것, 한번 했던 말을 금세 철회하거나 없었던 일로 하는 것 등은 일관성 없는 리더들이 보이는 특징들이다. 일관성을 보이지 않는 리더와는 아무도 소통하고 싶지 않을 것이다.

- 부정적 표현을 긍정적 표현으로 대체하라

표현 방식을 바꾸는 것만으로도 커뮤니케이션의 질이 달라진다. 이때 커뮤니케이션에 능한 리더일수록 부정적 표현보다는 긍정적 표현을 많이 사용한다. '하지 말라, 금지한다, 못한다, 안 된다'와 같은 부정적 표현을 즐겨 쓰는 리더는 심리적으로 통제에 대한 강박관념을 가진 경우가 많으며, 이러한 태도는 진정한 소통을 가로막는다. 또한 부정적 표현을 자주 할수록, 뭔가 결과가 잘못되었을 때 그 원인을 리더 자신이 아닌 구성원들에게 떠넘기려는 경향이 있다.

- 비언어적 메시지에 유의하라

리더의 커뮤니케이션은 언어만이 아니라 비언어적으로도 이뤄진다. 비언어적 메시지란 평상시의 몸짓과 표정, 습관적인 행동, 시선, 말투, 목소리, 옷차림에서도 드러난다. 리더는 눈빛이나 손짓 하나로도 유의미한 메시지를 전달할 수 있음을 염두에 두어야 한다.

[5단계] 싫은 소리도 경청하기

- 듣기 싫은 비판적 목소리일수록 귀 기울이기
- 반대의견을 개진할 수 있는 기회 조성하기
- 'No' 라고 말하는 구성원에게 불이익이 가지 않도록 보장하기

당신에게는 듣기 싫은 소리를 해줄 사람이 있는가?

고대 그리스의 안티스테네스라는 학자는 "당신에게 진실을 말하는 사람이야말로 당신을 진정으로 사랑하는 친구"라고 하며 "아첨꾼들 사이에 있느니 차라리 까마귀에게 몸을 맡기는 게 낫다. 까마귀는 (죽은) 시체를 뜯어 먹지만 아첨꾼들은 (살아있는) 몸을 뜯어 먹기 때문"이라고 했다.

중국의 《사기》에는 "신하가 임금에게 세 번 간했는데 듣지 않

으면 의를 가지고 떠나야 한다"라고 했고, 순자는 "신하는 도를 따를 뿐 군을 따르지는 않는다"라고 하여 충언을 하는 충신의 중요성에 대해 말했다.

인류 역사상 듣기 좋은 소리를 하는 간신을 가까이 하고 소신 있는 발언을 하는 충신을 멀리 하여 몰락한 왕들의 사례는 일일이 따지기 어려울 정도로 매우 많다.

리더가 한 번 정점의 위치에 올랐다가 내리막길로 몰락할 징조를 가늠할 수 있는 것은 그 주변의 간신과 충신의 존재유무라고도 할 수 있다. 권력에 취한 나머지 반대의견을 더 이상 듣지 않는 리더는 이미 자신의 운명을 재촉하는 것이나 다름없다. 몰락을 앞둔 왕, 역량이 부족한 리더, 패전을 앞둔 장수의 공통적인 특징은 바로 '다른 의견'을 들으려 하지 않는다는 점이다.

리더들이 반대의견, 다른 의견을 듣지 않는 이유는 자신의 판단력을 과신하고 자신의 권력에 의한 통제력에 어느 사이엔가 중독되어 있는 상태이기 때문이다. 그 결과 소신보다는 편견을, 합리적 견해보다는 리더의 개인적 취향에 영합하는 견해를 더 그럴듯한 것으로 받아들인다. 주변에 양심적인 사람, 노력하는 사람, 발전을 도모하는 사람이 줄어들고 개인의 이익을 취하는 사람, 편법을 쓰는 사람이 늘어나게 되지만 정작 리더 본인은 그 사실을 자각하지 못하는 경우가 많다. 자신의 판단력부터가 흐려졌기 때문이다. 그 결과 비위를 맞추는 말, 듣기 좋은 달콤한 말, 기분에 맞는 말들에만 귀를 기울이고, 그럴수록 반대의견이나 지적하는 말들은 듣기 싫어진다.

쓴소리일수록 귀 기울여라

'좋은 약은 입에 쓰고, 좋은 말은 귀에 거슬린다' 라는 말처럼, 현재의 문제점을 고치고 개선하기 위한 말들은 때로는 리더의 개인적인 단점이나 자격지심, 실수를 건드리고 드러내는 경우가 많다. 사람이라면 그런 말들이 들려올 때 당장은 귀를 닫고 싶어질 것이다. 그러나 그러한 '싫은 소리'를 해줄 수 있는 사람이 곁에 있다면 그래도 그 리더에게는 개선의 여지와 희망이 있는 것이다.

격 있는 리더는 듣기 좋은 소리일수록 경계하고, 듣고 싶지 않은 소리, 인정하고 싶지 않은 이야기일수록 더 들으려고 한다. 격 있는 리더라면 정직한 비판의 견해야말로 리더 자신뿐만 아니라 리더가 이끄는 조직의 발전에 도움이 된다는 것을 안다.

따라서 훌륭한 리더라면 구성원들이 반대의견과 비판의 목소리를 거리낌 없이 자유롭게 말할 수 있는 분위기를 만들고 권장해야 한다. 건강하고 발전적인 집단일수록 서로 반대되는 의견을 가진 사람들끼리의 토론이 자주 일어나고, 비판을 통해 새로운 대안을 찾는 기회가 보장되며, 그러한 다양한 목소리들을 리더가 항상 주의 깊게 경청한다.

물론 이러한 환경을 만든다는 것은 어느 조직이나 쉬운 일이 아니다. 솔직하게 반대의견을 말했을 때 불이익을 받을 수도 있다는 두려움은 구성원으로서는 당연한 것이며, 실제로는 어느 조직이든 정도의 차이가 있을 뿐 불평등한 위계구조를 가지고 있다. 그렇기 때문에 더더욱 리더가 개입하고 먼저 '싫은 소리를 듣겠다' 라는 의지를 보이는 것이 중요하다.

훌륭한 리더일수록 '정직한 의견'을 이끌어내는 데 능숙하다. 반대의견을 말하는 사람이 위축되지 않도록 하고, 불평등한 대우를 받지 않도록 하고, 불이익이 돌아가지 않도록 한다. 기존에 없던 새롭고 참신한 의견, 엉뚱한 발상, 리더의 고정관념에 정면으로 도전하는 견해도 얼마든지 받아들이고 때로는 그런 의견을 채택할 수 있음을 보장해야 한다.

리더는 구성원들이 '예스맨'이 되지 않도록 하며, 비판적인 견해를 내놓는 구성원들을 오히려 격려하고 적절한 보상을 해줄 수 있어야 한다. 이를 위해서는 구성원이 의견을 제안하고 피드백을 받고 그것을 모든 구성원들이 공유할 수 있는 공식적인 창구가 마련되어야 하며, 꾸준히 제대로 운영되어야 한다.

리더가 쓴소리에 귀를 기울인다는 것은 '표현의 자유'가 허용된 조직을 만든다는 뜻이다. 모든 사람의 의견을 존중하고, 혁신을 추구한다는 뜻이다. 정직한 평가를 두려워하지 않으며, 잘못된 방향으로 가고 있다면 즉각 방법을 찾겠다는 의지다. 리더가 가장 하기 힘든 일도 이것이며 가장 중요한 자질도 바로 이것이다.

모든 사람이 찬성해버리고 아무도 반대의견을 말하지 않는 조직, 리더에게 'No'라고 말하는 사람이 없는 조직은 발전을 멈춘 조직이며 사실상 퇴보하는 과정에 있다고 할 수 있다.

[6단계] 글로벌 감각 기르기

- 영어 실력보다 글로벌 교양과 소통의 실력 갖추기
- 타 문화에 대한 리더의 개인적 편견 수정하기
- 존중을 바라기 전에 상대를 먼저 존중하기

'우물 안' 리더가 되지 않으려면?

이제 우리나라는 명실상부한 글로벌 국가로 변모했다. 국가와 국가, 대륙과 대륙 사이의 지리적인 거리감은 사실상 무의미해졌고, 즉각적인 온라인 네트워크에 의해 시공간의 제약을 넘어 전 세계 사람들과 실시간으로 소통하고 있다.

특히 모든 국가들이 경제적·정치적으로 밀접한 영향을 주고받는다. 한 나라의 경제위기는 예전과는 다른 파급력을 지녀 지구 반대편의 나라에까지 경제위기를 초래하고, 지구촌 한쪽에서 일어난 테러나 전쟁은 해당 국가와 전혀 상관이 없는 나라에도 위협을 가하고 있다.

이러한 글로벌 시대에 요구되는 리더십은 예전과는 그 의미가 사뭇 달라질 수밖에 없다. 불과 얼마 전까지만 해도 리더의 글로벌 감각에 대해 그저 외국어에 능통하거나 외국 문화를 접한 경험 수준 정도로만 이야기하는 경우가 많았지만, 지금 시대에 요구되는 글로벌 리더십 감각이란 이러한 차원을 뛰어넘는다.

다양성을 수용하는 능력, 다름을 인정하는 마인드, 생소한 문화권의 사람들까지도 배척하지 않고 존중하는 세련된 감각이 리더십에서 중요한 위치를 차지하게 된 것이다. 다양성을 받아들이고 존중한다는 것은 결국 상대방의 입장을 있는 그대로 인정하고 이해하려는 의지가 있느냐의 문제다.

리더의 글로벌 감각은 꼭 해외 무대에서 활동하는 것만을 의미하지는 않는다. 이미 우리나라가 다문화국가로 진입했기 때문에, 아무리 한국 안에서 한국인들끼리만 일하는 조직이라 할지라도 리더라면 글로벌 감각을 키울 필요가 있다. 실제로 국내에 거주하는 외국인 비율은 이미 전 인구의 3퍼센트(2014년 기준)를 넘어 200만 명으로 증가하고 있으며 이 비율은 꾸준히 늘어날 것으로 전망되고 있다.

이러한 환경에서는 한국인이 아닌 다른 국가 사람들이나 다른 문화권을 배척하고 거부하는 사고방식 자체가 구시대적이고 발전을 저해하는 요소가 되고 있다. 즉 '우리끼리'를 중시하는 리더는 사실상 지난 시대의 리더십, '우물 안 개구리'를 자처하는 리더십을 가진 것이나 다름없다.

'다름'을 받아들이고 존중하라

다른 문화를 존중하기 위해서는 먼저 알고자 해야 한다. 알려는 의지가 있어야 배울 수 있고 접할 수 있고 이해할 수 있다. 리더는 내부적으로 자신이 이끄는 구성원들을 알아야 하고 소통을 멈추지 말아야 하지만, 외부적으로 '나와 다르고 우리와 다른' 사람들도 존중하고 이해하려는 태도가 있어야 한다. 다문화권의 구성원이 존재하는 조직이라면 더욱 말할 것도 없고, 외국 문화권의 기업이나 단체를 상대해야 하는 분야도 마찬가지다. 타 문화에 대한 풍부한 이해, 경험, 관심, 소통능력은 21세기에 가장 필수적인 리더십 역량으로 꼽힌다. 만약 생소하게 느껴진다면 일부러 더 접하고 경험할 필요가 있고, 낯선 것은 낯설지 않을 때까지 배울 필요가 있다.

리더가 글로벌 감각을 키운다는 것은 글로벌 경제와 외교에 대해 정보와 지식을 갖추고 급변하는 정세에 대처할 준비를 한다는 뜻이기도 하다. 오늘날 이러한 정보력과 감각은 어느 분야를 막론하고 리더에게 반드시 필요한 자질일 것이다.

서로 다른 세대의 사람들이 서로를 이해하지 못하고 세대 간 대화가 단절되는 것은 상대방이 '우리'를 존중하기만을 바라고 정작 상대방이 왜 그런 생각을 하는지에 대해 이해하려는 노력은 부족했기 때문일 것이다. 글로벌 감각도 마찬가지다. 다른 문화권, 다른 인종, 다른 종교, 다른 국가로부터 일방적인 존중을 요구하기 전에, 먼저 상대방과의 문화 차이를 존중하고 이해하기 위해 노력하고 시도하는 것이 리더의 역할이자 역량이다.

다른 나라 사람들과 대화하고 소통하기 위해 필요한 자질로서 유창한 영어 실력만 있는 것은 아니다. 단어를 알고 문장을 알아듣는 차원을 넘어 특유의 에티켓, 매너, 상대방 문화권에서 금기하거나 터부시하는 것, 예의범절, 역사적 배경, 우리와 다른 유머 감각까지도 기본적으로 익혀야만 비로소 제대로 된 소통이 가능해진다. 누구를 만나든 적절하고 유연하게, 그리고 무례하지 않게 상대방을 대할 수 있도록 다른 문화권의 사고와 의식을 깊이 있게 이해하려는 의지가 중요하다.

세계는 좁아졌고 접해야 할 사람과 문화의 영역은 광대해졌다. 다양성을 수용하여 자신과 조직을 더욱 발전시킬 수 있다는 성숙한 리더십이 절실한 시대다.

[7단계] 품격 갖추기

- 리더가 갖춰야 할 것은 능력보다 품성
- 내면+외면의 조화 / 자신+타인에 대한 존중
- 품격은 매 순간의 수양이 쌓여 완성되는 것임을 알기

인품과 인성이 리더십의 질을 결정한다

피터 드러커는 "경영자가 몸에 지녀야 하는 자질은 천재적 재능이 아니라 품성"이라고 했고, 세계적인 리더십 전문가 워렌 베니는 "고결한 인품에 바탕을 둔 리더십이 중요하다. 능력이 부족해서 리더 자리에서 물러난 사람은 별로 없지만, 판단력과 인품이 부족해서 물러난 사람은 수없이 많다"라고 했다.

이처럼 리더십을 이야기할 때 그 궁극의 최고봉에 있는 것은 바로 리더의 인품, 인격에 관한 것이다.

격 있는 리더로의 성장이 궁극적으로 가리키는 것은 '리더가 얼마나 내면적인 품격을 갖추었느냐'다. 탁월한 리더십은 능력

이나 지식, 기술을 말하는 것이 아니다. 탁월한 리더라 함은 자신만의 원칙을 지키고, 인품이 한결 같고, 굳은 신념과 용기에 의해 타인을 감화시키고 자신이 목적한 바를 이루는 사람을 뜻한다. 그래서 리더십의 '격'은 외면적인 요소가 아니라 내면적인 요소에 의해 완성된다고 할 수 있다.

사람의 인격은 오랜 시간에 걸쳐 그 사람만의 경험과 사고방식에 의해 만들어지는 것이기에 쉽게 바꿀 수도 없고 속일 수도 없다. 능력이 뛰어나더라도 품격이 떨어지는 리더는 언젠가는 그 인품의 부족함과 사고의 얄팍함이 드러나게 되는 법이다. 반면 능력과 더불어 훌륭한 인성, 내면적인 품위를 갖춘 리더는 사람들의 마음에 오랫동안 긍정적인 영향을 미친다.

품격 있는 리더가 된다는 것은 내면과 외면의 조화를 이루는 것이기도 하다. 자신의 잠재력과 신념에 대한 적절한 수준의 자존감을 갖고 있으며, 타인의 능력을 인정하고 잠재력을 발휘할 수 있도록 허용하는 것이다. 품격 있는 리더는 자신의 단점이나 실수도 솔직하게 시인하고 타인이 실수를 저지를 수 있음을 이해한다. 내면의 목소리에 귀 기울이며 남이 보지 않는 곳에서도 양심을 지키며 타인에게도 진실성과 정당성을 요구한다. 또 원칙을 중시하되 융통성을 잃지 않고, 이성을 잃지 않되 감성의 울림도 바라본다.

품격 있는 진정한 리더가 되기 위하여

리더의 품격은 평생에 걸친 부단한 자기수양과 절제하는 습관에서 자연스럽게 우러나와야 한다. 좋은 인품을 가진 '척' 하거나 품격을 갖춘 '척' 하는 사람은 언젠가는 바닥이 드러나게 되어 있다. 내면을 수양하려면 자기만의 방법을 찾아야 한다.

그것은 독서일 수도 있고, 영적인 생활이나 예술경험일 수도 있으며, 지속적인 공부나 사람들과의 만남일 수도 있다. 중요한 것은 자신만의 수양법을 찾고 꾸준하게 지속하는 것이다.

리더의 격을 올리고자 하는 모든 리더들이 기본적으로 숙지하고 매 순간 실천해야 할 사항을 정리하면 다음과 같다.

1. 경험과 가치관에서 우러나온 자신만의 인생철학을 세운다.
2. 바쁘고 긴박한 생활 속에서도 내면의 평화를 찾을 수 있는 최소한의 시간을 규칙적으로 마련한다.
3. 갈등 상황을 해결할 때 항상 흔들리지 않을 자신만의 원칙을 정하고 지킨다.
4. 평정심을 잃지 않는 연습을 한다.
5. 타인이 볼 때와 보지 않을 때의 말과 행동을 일치시킨다.
6. 바른 언어습관과 행동습관을 갖는다.
7. 반대하는 사람, 적대적인 관계에 있는 사람, 경쟁 상대, 분노를 유발하는 사람이 있더라도 그 사람 자체에게 복수심을 품지 않는다.

8. 다른 사람을 '내 사람'으로 만드는 것은 권력이나 지위가 아니라 리더 자신의 인격임을 기억한다.
9. 도덕적·윤리적 측면에서 어떠한 상황에서도 절대 타협하지 않을 마지노선을 정한다.
10. 어떠한 사람도 도구나 수단으로 여기지 않는다.
11. 누구를 대하든 인격적으로 모욕하거나 공격하지 않는다.
12. 지위를 막론하고 모든 사람을 평등하고 공명정대하게 대한다.
13. 뒤돌아서서 다른 말을 하지 않는다.
14. 상대방보다 나의 지위가 높다 하여 인간으로서의 가치까지 높은 것은 아님을 잊지 않는다.
15. 상대방을 무시하거나 웃음거리로 삼는 언행을 하지 않는다.
16. 관대함, 친절함, 진실함을 모든 인간관계에서의 공통된 태도로 적용한다.
17. 리더가 되기 전에 부끄러움 없는 사회인이 된다.
18. 아랫사람이나 구성원이 잘못을 했을 때 공개적으로 인신공격하거나 비난하지 않는다.
19. 인기에 도취되지 않는다. 리더가 되는 것은 인기 있는 연예인이 되는 것이 아니다.
20. 목표보다 절차를, 결과보다 의도를 중시하며 과정에서의 합법성과 정당성을 우선시한다.

| 맺음말 |

'좋은' 리더에서 '격 있는' 리더로

지금 이 순간에도 경영 환경은 끊임없이 변하고 있습니다. 어제의 혁신이 오늘의 유물이 되는 시대에, 익혀야 할 지식은 매일 홍수처럼 들이닥치고 어떤 정보가 올바른 정보인지 판단하기 점점 어려워지고 있습니다. 기계가 인간을 이기는 믿기 힘든 현상이 벌어지고 있는 시대에 구시대적 가치관을 답습하거나 과거의 사고방식을 고집하는 사람은 점점 더 도태될 것입니다.

리더십도 마찬가지입니다. 고전적이고 기본적인 정통 리더십의 개념을 간과해서는 안 되겠지만 시대에 따라, 현실에 따라, 상황에 따라 변모하는 리더십의 의미도 알아야 합니다. 무엇보다도 '아는 것'을 '실천'으로 옮겨 리더십의 질적 수준을 끌어올려야 하는 것이 오늘날 한국 사회가 직면한 중요한 과제입니다.

저는《될 때까지 끝장을 보라》라는 지난 저서를 통하여 계획을 실행에 옮기기 위한 정면 돌파의 태도에 대해 이야기한 바 있습니다. 누구나 성공하고 목적을 이루기 위해서는 곁눈질을 하지 않고 자신의 목표를 향해 곧장 나아가야 하며, 어려움이 있더라도 피하지 않아야 하며, 장애물을 피하지 않고 정면 돌파해야 한다고 말했습니다.

리더십도 기존의 이론을 삶 속에서 실행하고 실천하는 도약의 과정이 필요합니다. 기술과 능력보다 인간으로서의 인성과 품격을 성숙시키고, 사람과 삶에 대한 올곧은 가치관을 가지고, 군림하는 것이 아니라 긍정적 영향력을 자연스럽게 전파하는 역할을 하고, 권력을 휘두르는 것이 아니라 그 사람 자체의 내면의 힘으로 변화를 주도하는 진정한 의미의 리더십을 이제는 현실화시켜야 할 것입니다.

성공을 하기 위해서는 단순히 뭔가에 흥미를 갖는 것을 넘어 몸으로 실천하고 연마하고 시행착오를 해봐야 하는 것처럼, 리더십도 단순히 개념을 이해하는 것을 넘어 연습하고 단련하고 점검하는 과정을 필연적으로 거쳐야 할 것입니다. 내면의 목소리에 귀 기울이고, 오류와 실수를 깨닫고, 부족한 것을 개선함으로써 단지 능력 있는 리더가 아니라 인간으로서 빼어난 품격을 지닌 리더가 되어야 합니다. 그것은 오늘날 한국인들이 가장 갈망하는 리더의 모습일지도 모릅니다.

저는 오늘의 삶 속에서 축복과 감사가 매일 넘쳐나고 있음을 느끼며 제 자신을 더 나은 사람이 될 수 있도록 연마할 수 있음에 늘 감사합니다. 여러분도 누구나 자신의 인생을 주도적으로 이끌어가는 리더가 될 수 있습니다. 희망과 자신감, 비전으로 가득한 '격조 높은 리더'가 되시기를 기원합니다.

우리 한국사회가 진정한 리더십의 부재현상을 극복하여 격 있는 리더들이 곳곳에 넘쳐나는 사회가 되기를 바랍니다.

삶을 업그레이드 하는 더 나은 삶　　모아북스의 자기계발 도서

최고의 칭찬
어떻게 그렇게 많은 사람들과 잘 지낼 수 있지요?
이창우 지음 | 276쪽 | 15,000원

감사, 감사의 습관이 기적을 만든다
정상교 지음
246쪽 | 13,000원

스피치의 재발견
말 한마디가 인생을 바꾼다!
김병석 지음 | 256쪽 | 16,000원

나인 레버
하는 일마다 잘 되는 사람의 이유를 아는가?
조영근 지음 | 248쪽 | 12,000원

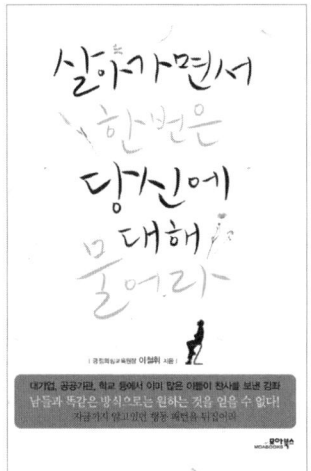

살아가면서 한번은 당신에 대해 물어라
이철휘 지음
256쪽 | 14,000원

성장을 주도하는 10가지 리더십
리더가 되었다. 어떻게 조직을 움직일 것인가?
안희만 지음 | 272쪽 | 15,000원

행복한 노후 매뉴얼
(2022년 세종도서 교양부문 선정)
소중한 나를 위한 최고의 선물
정재완 지음 | 500쪽 | 30,000원

직장직장 생활이 달라졌어요
언택트 시대 성과를 내는 법
정정우 지음 | 256쪽 | 15,000원

삶을 업그레이드 하는 더 나은 삶　　모아북스의 인문 도서

걷다 느끼다 쓰다
전문성과 대중성을 겸비한 글쓰기 수업
이해사 지음 | 364쪽 | 15,000원

독한 시간
세상의 모든 것을 만나다
최보기 지음 | 248쪽 | 13,800원

독서로 말하라
지금 그들은 누군가의 삶이 되었다
노충덕 지음 | 240쪽 | 14,000원

베스트셀러 절대로 읽지 마라
내 곁에 있는 책이 나를 말해준다
김욱 지음 | 288쪽 | 13,500원

밥이 고맙다
일상에 대한 맛있는 인생 레시피
이종완 지음 | 292쪽 | 15,000원

내 글도 책이 될까요?
(2021 우수출판콘텐츠 선정작)
글을 쓸 때 궁금한 것
이해사 지음 | 320쪽 | 15,000원

누구나 쉽게 작가가 될 수 있다
베스트셀러 작가가 되기 위한 출간 가이드
신성권 지음 | 284쪽 | 15,000원

생존 매뉴얼 365
생명의 위험속에서 나를 지키는
김학영·지영환 지음
420쪽 | 25,000원

삶을 업그레이드 하는 더 나은 삶 **모아북스의 건강 도서**

퓨리톤
현대의학이 주목한 광물의학과
바이러스 정복 물질
김광호 지음 | 224쪽 | 22,000원

자기 주도 건강관리법
병을 치료하기 전에 먼저 몸을 치유하는
송춘회 지음 | 280쪽 | 16,000원

공복과 절식
전 세계를 뒤흔든 식습관의 새로운 대안
양우원 지음 | 274쪽 | 14,000원

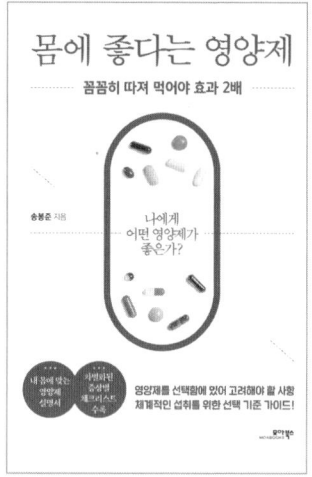

몸에 좋다는 영양제
꼼꼼히 따져 먹어야 효과 2배
송봉준 지음 | 320쪽 | 20,000원

손으로 보는 건강법
증상으로 알아보는 쾌속진단
이욱 지음 | 216쪽 | 17,000원

암에 걸려도 살 수 있다
조기용 지음
255쪽 | 15,000원

향기를 마신다
전 세계 최초로, 마시는 향기를 만난다
김용식 지음 | 144쪽 | 10,000원

바이러스 대처 매뉴얼(양장)
생명을 위협하는 바이러스 예방에
관한 모든 것
최용선·지영환 지음 | 416쪽 | 55,000원

㈜김종수성공아카데미
스피치&중소기업경영자과정을 소개합니다

늦지 않았어요! 지금 시작해도

지금까지의 삶의 방식은 이제 그 생명력을 다했습니다. '더 많이', '더 빨리' 는 마음가짐과 인간관계를 해치고 삶의 의욕을 떨어뜨립니다. 지금의 경쟁방식을 그대로 고수해 나간다면 당신의 미래는 어떤 모습일까요? '성공노하우가 분명한데도' 이를 실제 행동으로 옮기는 사람은 1% 밖에 되지 않습니다.

'나중이 아닌 지금!', '내일이 아닌 오늘!'
지금 함께 하세요

'인생은 짧다' 라는 말의 깊은 뜻은 '미루지 말고 당장 무언가를 하라' 는 뜻이 아닐까요? 인생은 한 번 뿐인 소중한 일생입니다. 오늘 할 일을 내일로 미루지 말고 내일 죽을 것 같이 살며 영원히 살 것 같이 배우는 사람이 성공합니다.

♧ **취지 및 목적** : 급변하는 변화 속에서 어떻게 앞서갈 것인가? 그 해법을 찾고 차원과 격이 다른 구체적이고 체계적인 사업성공 비결과 경영학, 폭 넓은 인문학, 인생 성공학, 스피치 능력 및 리더십을 습득하고 실천력을 배양하여 자신의 능력을 업그레이드함은 물론 조직을 성공적으로 이끌고 '격' 있는 리더가 되어 선한 영향력을 크게 발휘하는 삶을 살게 함. 소수정예 실천중심의 실속주의 교육과정임.

♧ **주요 내용** : 스피치 / 리더십 / 성공학 / 행복학 / 경영학 / 인문학 / 한문인문학 / 인생설계 / 감사 / 나눔 / 실천 등

♧ **일정** : 수업일수 기준 20주간 / 기수별 모집 일정에 따라 매주 정한 요일의 오후 7시~10시, 과정중 별도 1박2일 워크샵 포함, 매주 석식 제공

♧ **장소** : ㈜김종수성공아카데미 교육장

♧ **오시는길** : 서울지하철 1호선 종각역 11번 출구 바로 앞 통일빌딩 303호 (YMCA회관 우측 건물, 서울특별시 종로구 종로 77, 통일빌딩 303호 (종로2가))

♧ **대상** : 대기업 임원, 중소기업경영자 / 임원 및 예정자, 의사 / 변호사 / 세무사 / 공인중개사 등 전문직업종사자 그리고 이와 관련 있는 분 / 회사의 성공은 물론 본인의 스피치 능력 향상, 체계적인 성공비결을 얻고자 하는 분 / 성공하는 자기경영기법을 배우고 자신감, 리더십을 키워 성공적인 인생을 살고싶은 분 / 자신의 꿈과 비전을 발견하고 인생전략 수립 및 생애설계를 잘 하고 싶은 분 / 지금 하고있는 일에서 성공하고 싶거나 새롭게 2막 인생을 준비하는 분 / 진솔한 인맥을 형성하고 멘토, 멘티,코치, 협력자를 찾고자 하는 분 / 조직이나 사회에서 격 있는 리더로 성장하고 능력을 발휘하고 싶은분 / 평생학습 및 자기계발을 실천하고자 하는 분

♧ **등록비** : 330만원(부가세포함), 기업은행 023-143716-04-015
㈜김종수성공아카데미

♧ **특기사항** : - 교육효과 극대화를 위해 소수정예 교육방식으로 모집정원은 10명임
- ㈜김종수성공아카데미만의 차별화된 독특한 시스템으로 운영함
 (스피치훈련, 각종 발표, 워크샵, 과정 중에 회원사 방문 및 회원인증서 수여 등)
- 3분의 2 이상 출석시 수료증 수여, 1박2일 워크샵 및 성공&힐링캠프에 무료 참가

당신은 아직도 양동이를 나르고 있습니까?
아니면, 파이프라인을 구축하고 있습니까?
김종수성공아카데미는 함께 인생의 파이프라인을 구축하는 곳입니다.
가장 가치있는 투자! 당신 자신에게 투자 하십시오!
새로운 도전으로 당신의 운명을 바꿔보세요

"1톤의 생각보다 1그램의 실천으로!"

성공학을 배우고 훈련하는 일은,
이제 선택이 아니라 필수이며 운명을 바꾸는 일입니다.

㈜김종수성공아카데미 : 서울특별시 종로구 종로 77, 통일빌딩 303호(종로2가)

출강 및 교육 문의 ☎ 02)733-2886   010-3039-4562

무엇으로 사람을 움직이게 할 것인가 **리더의 격**

초판 1쇄 인쇄	2016년 06월 15일 **20쇄** 발행 2023년 01월 25일
3쇄 발행	2017년 03월 02일

지은이	김종수
발행인	이용길
발행처	모아북스 MOABOOKS

총괄	정윤상
디자인	이룸
관리	양성인
홍보	김선아

출판등록번호	제 10-1857호
등록일자	1999. 11. 15
등록된 곳	경기도 고양시 일산동구 호수로(백석동) 358-25 동문타워 2차 519호
대표 전화	0505-627-9784
팩스	031-902-5236
홈페이지	www.moabooks.com
이메일	moabooks@hanmail.net
ISBN	979-11-5849-028-7 13320

· 좋은 책은 좋은 독자가 만듭니다.
· 본 도서의 구성, 표현안을 오디오 및 영상물로 제작, 배포할 수 없습니다.
· 독자 여러분의 의견에 항상 귀를 기울이고 있습니다.
· 저자와의 협의 하에 인지를 붙이지 않습니다.
· 잘못 만들어진 책은 구입하신 서점이나 본사로 연락하시면 교환해 드립니다.

모아북스 는 독자 여러분의 다양한 원고를 기다리고 있습니다.
(보내실 곳 : moabooks@hanmail.net)